AUSPICIA II
Plus

Übungen

Von
Klaus Karl
Harald Kloiber
Nicole Schönberger
Dr. Günther Wolf

LATEIN-BUCH-VERLAG LAPPERSDORF
Inhaber: Klaus Karl

Herausgeber: LATEIN-BUCH-VERLAG LAPPERSDORF, Inhaber: Klaus Karl
Gesamtherstellung: Vormals Manzsche Buchdruckerei und Verlag, Regensburg
ISBN: 3-938119-05-5

Vorwort

Mit dem zweiten Band wurde zu Beginn dieses Schuljahres die Lehrbuchreihe Auspicia fortgesetzt. Einem vielfachen Wunsch entsprechend verfassen wir dazu auch wieder ein eigenes Übungsheft, das zusätzliches Material für die häusliche Arbeit bereit stellt. Dazu gibt es auch Lösungen.

Auspicia „plus“ fand im Vorjahr viel Anklang; wir mussten die ursprüngliche Auflage dreimal nachdrucken. Wir freuen uns darüber, dass viele Schülerinnen und Schüler ein wenig „mehr“ üben wollten, als es im Unterricht möglich ist. Wir hoffen und wünschen, dass dieser Eifer auch heuer nicht geschwunden ist.

Auspicia II plus enthält im Allgemeinen fünf zusätzliche Aufgaben zu jedem Kapitel des Lehrbuches. Zunächst handelt es sich um eine Übersetzung. Es folgen Formenbildungen, Transformationsübungen, Aufgaben zur präzisen Übersetzung und zur Unterscheidung gleicher oder ähnlicher Formen bzw. Konstruktionen; jedes Kapitel bringt außerdem ein Rätsel zur Auflockerung. Es wird insgesamt Wert darauf gelegt, dass die fundamentalen sprachlichen Kenntnisse vertieft und gesichert werden.

Natürlich ist nicht daran gedacht, dass immer alle Übungen gemacht werden. Eine Auswahl kann getroffen werden und jeder kann sich die Aufgaben und Stoffgebiete vornehmen, in denen er sich nicht restlos sicher fühlt.

Das Lösungsheft soll als Kontrolle dienen, ob die Aufgaben richtig erledigt worden sind. Bei Übersetzungen gelten natürlich ähnliche Varianten auch. Ferner sollen die Lösungen auch dazu verhelfen, bei Fehlern Einsicht in ihre Ursachen zu bekommen und sie künftig zu vermeiden.

Wir wünschen den Schülerinnen und Schülern viel Erfolg bei der Arbeit und hoffen, dass diese zusätzlichen Übungen ihren Zweck erreichen, nämlich ein sprachliches Fundament aufzubereiten und zu festigen, auf dem später eine sinnvolle Lektüre lateinischer Texte möglich ist.

Lappersdorf, im September 2005 — Team Auspicia

K 1 Numeralia 1

1. **<u>Übersetze:</u>** Pompeius ab anno a. Chr. n. sexagesimo Caesaris amicus erat, sed ab anno undequinquagesimo cum eo de imperio certavit. Post cladem, quae erat anno duodequinquagesimo, in Aegyptum fugit. Rex Aegyptiorum autem, qui tredecim annos natus erat, milites iussit Pompeium necare. Sed Caesar, qui tum quinquaginta annos natus erat, reginam, quae viginti unum annos nata erat, adamavit (*adamare* sich verlieben in) et ei anno quadragesimo septimo regnum reconciliavit (*reconciliare* wiedergewinnen). Post mortem Caesaris, quae erat anno quadragesimo quarto, Cleopatra amica Antonii fuit.

2. **<u>Vorsicht, rote Drei!</u>** Welche der folgenden Zahlen enthält im Deutschen keine Drei und ist nicht durch Drei teilbar? duodecim – undeviginti – septuaginta quattuor – triginta sex – nonaginta quinque – quindecim – duodeviginti – quinquaginta – nonaginta tres – septuaginta sex – tredecim – quinquaginta septem – undeoctoginta – sedecim – duodequinquaginta – centum – sexaginta sex – undequadraginta – viginti unus – quattuordecim.

3. **Wer <u>wird Rechenmeister? Löse folgende Rechenaufgaben! Gib das Ergebnis auch als römische Ziffer an!</u>**
   a) undecim plus sexaginta duo = ?
   b) duodenonaginta minus septuaginta quinque = ?
   c) triginta sex minus septendecim = ?
   d) centum minus duodeviginti = ?
   e) undequinquaginta minus duodecim minus undeviginti plus septuaginta duo = ?
   f) octoginta quattuor minus triginta septem plus quadraginta unum plus duodecim = ?

4. **<u>Zerlege folgende Ordinalzahlen in ihre beiden Bestandteile, gib deren Bedeutung an und übersetze:</u>** duodecimus – quadragesimus quintus – duodesexagesimus – vicesimus secundus – centesimus trecesimus quartus – undequinquagesimus – sextus decimus – octogesimus tertius – undevicesimus – nonagesimus primus – tricesimus sextus – sexagesimus septimus – duodeseptuagesimus – undecimus.

5. **<u>Verfasse deine Abstammungsurkunde!</u>**
   Folgendes Muster kann dir dabei helfen: Mihi nomen ... est, ... annos natus/a sum. ... anno p. Chr. n. natus/a sum (hier: ich wurde geboren im Jahre). Mater est ..., quae ... annos nata est. Nomen patris est ...; hic ... annos natus est. ... frater ... annos natus est. ... Soror ... Avus (Großvater)... Avia (Großmutter) ...

6. **<u>Löse folgendes Rätsel</u>!**
   In cella (die Kammer) villae Marci agricolae nonaginta sex ova (*ovum, -i* das Ei) erant. Singulae (*singuli, -ae, -a* jeder einzelne) gallinae (*gallina, -ae* Henne), quarum numerus octoginta quattuor erat, agricolae cottidie (täglich) unum ovum praebebat. Sed servi cottidie nonaginta duo ova a-movebant. Quando in cella ova non iam erant?

Numeralia 2

1. **Übersetze:** Herodotus circiter (ungefähr) anno quadringentesimo vicesimo quinto a. Chr. n. vitam finivit. Ille scriptor clarus libris suis magnitudinem centum quadraginta pyramidum (*pyramis, -idis* Pyramide) laudat, sed etiam de laboribus Aegyptiorum narrat: Centum milia hominum saxa e montibus ad Nilum flumen portabant. Haec via novem milia quingentos viginti pedes in longi-tudinem pertinebat. Viginti annos operarii (*operarius, -i* der Arbeiter) artificesque pyramidem regis ad Gizeh sitam, quae quadringentos duodequadraginta pedes in alti-tudinem patet, aedificabant.

2. **Wer wird Rechenmeister? Löse folgende Rechenaufgaben! Schreibe dazu die vollständige Rechnung mit Lösung in römischen Ziffern nieder!**
   a) undecim plus septingenti septem = ?
   b) quinquaginta quattuor plus quadringenti octoginta sex = ?
   c) duo milia minus nongenti triginta quinque = ?
   d) octingenti sexaginta tres minus undecentum = ?
   e) quinque plus quindecim plus quinquaginta quinque plus quingenti = ?
   f) trecenti triginta tres plus quadringenti quadraginta quattuor minus ducenti viginti duo = ?

3. **Übersetze die Zahlenangaben und vergleiche die Größe der Bauwerke:** Die Höhe der folgenden Bauwerke beträgt in Metern (teils gerundet): Cheopspyramide: centum triginta septem – Koloss von Rhodos: triginta tres - Leuchtturm von Alexandria: alii centum viginti, alii centum quadraginta dicunt – Pantheon: quadraginta tres – Dom zu Regensburg: centum quinque – Freiheitsstatue: nonaginta duo; ohne Sockel: quadraginta sex – Petersdom: centum undequadraginta – Eiffelturm: trecenti viginti quattuor – Ulmer Münster: centum sexaginta unum – Empire State Building: quadringenti quadraginta tres – Taipei Financial Center: quingenti octo.

4. **Coniunge!**
   Welche Jahreszahl passt zu welchem geschichtlichen - bzw. sagenhaften Ereignis?

   anno ...
   a) quadragesimo quarto a. Chr. n.
   b) septingentesimo quinquagesimo tertio a. Chr. n.
   c) trecentesimo trecesimo primo a. Chr. n.
   d) trecesimo primo a. Chr. n.
   e) ducentesimo secundo a. Chr. n.
   f) quingentesimo decimo a. Chr. n.
   g) millesimo ducentesimo septuagesimo sexto a. Chr. n.

   a) Ramses II. bellum in Syros paravit.
   b) Brutus Caesarem necavit.
   c) Octavianus Antonium superavit.
   d) Scipio Hannibalem ad Zamam superavit.
   e) Alexander Dareium ad Gaugamelam vicit.
   f) Romani Tarquinium Superbum regem pepulerunt (sie haben vertrieben).
   g) Romulus Romam condidit (er hat gegründet).

5. **<u>Pyramidenrätsel für Spezialisten! Füge die lateinischen Bezeichnungen für folgende Numeralia in die jeweils passende Pyramidenstufe ein! Die schraffierten Felder ergeben als Lösungswörter die Namen zweier ägyptischer Herrscher:</u>**

zwanzig – zweihundertdreißig – tausend – der Neunhundertsiebte – zwei – achthundertzwei – der Eintausendelfte – die Zweihundertste – dreihundertsechzig – fünfhundert – Ziffer für hundert.

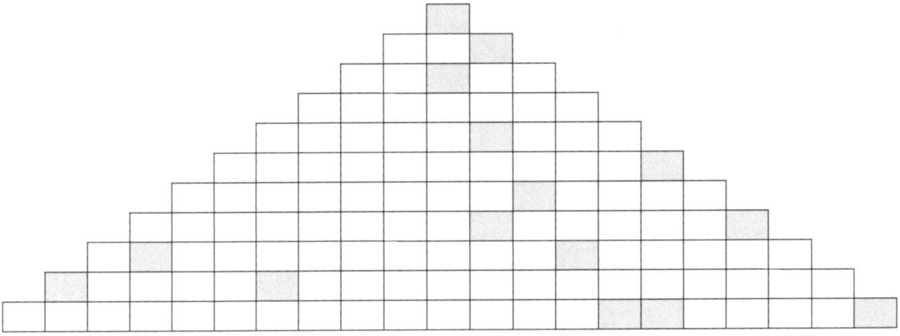

K 3 Die u-Deklination 1

1. **<u>Übersetze:</u>** Multi vallem regum adhuc (heute noch) visitant. Ibi magno motu animi illa ingentia monumenta (!) antiqua spectant, quorum conspectus homines omnibus temporibus delectabat. Saepe autem non studium litterarum, sed cupiditas auri et argenti (nach Gold und Silber) impetus hominum erat. Itaque multi archaeologi (!), postquam sepulcra regum aperuerunt, ea omnibus rebus pretiosis (*res pretiosae* Wertgegenstände) vacare viderunt. Pauci tam laeti erant quam Howard Carter, qui casu gradus ad sepulcrum regis vidit et portam aperuit; fructus laborum magnus erat.

2. **<u>Wer kommt am schnellsten über den Formenparcours?</u>**

vultus laetus => (Dat.) => (Akk.) => (Pl.) => (Nom.) => (Dat.) => (Abl.) => (Sg.) => (Gen.) => (Pl.).
impetus celer => (Gen.) => (Pl.) => (Dat.) => (Sg.) => (Abl.) => (Pl.) => (Nom.) => (Akk.) => (Sg.).
vallis pulchra => (Akk.) => (Dat.) => (Pl.) => (Akk.) => (Nom.) => (Abl.) =>(Sg.) => (Gen.) => (Pl.).
sepulcrum nobile => (Abl.) => (Gen.) => (Pl.) => (Dat.) => (Nom.) => (Akk.) => (Sg.) => (Dat.).

3. **<u>Setze das Substantiv in den richtigen Kasus und übersetze anschließend den ganzen Ausdruck:</u>** (impetus; 2x) acri – (conspectus; 2x) pulchri – (gradus) paucorum – (casus; 2x) crudeles – (motus; 2x) parvis – (vultus) beatum – (fructus) omnium.

4. **<u>Unterscheide, bestimme und übersetze:</u>** vulnus (2x) – vultus (4x) – vultis – vultibus (2x) – vulneribus (2x) – fructuum – fructum – fructu – modus – mortui (2x) – motui – noti (2x) – conspectus (4x) – conspectu – gradui – gradum – gradu – impetibus (2x) – impedimenti – impetui – impedite – implet – impetu – impetuum.

5. **<u>Wer findet als Erster die elf Wörter, die sich in diesem Buchstabensalat verbergen?</u>**
Als Hilfe findest du hier die deutschen Übersetzungen: die Schritte – durch die Bewegung – der Früchte – ehrlos (= un-ehrenvoll; das Präfix in- kennzeichnet das Gegenteil, z.B. in-felix *un-glücklich*) – die Namen – dem Künstler – des Anblicks – des Siegers – hundert – durch eine Rede – dem Eifer.
Die jeweils dritten Buchstaben ergeben in der richtigen Reihenfolge den Namen eines ägyptischen Pharaos.

o	d	g	h	h	g	o	f	s	k	o	o	f	l	c
k	i	n	h	o	n	e	s	t	u	s	e	t	z	e
j	u	o	h	e	r	t	z	u	f	j	a	d	c	n
m	j	m	a	d	f	g	h	d	r	o	v	h	j	t
p	h	i	m	c	a	e	d	i	u	i	g	c	i	u
o	v	n	i	o	r	s	d	o	c	i	v	o	o	m
i	f	a	u	u	t	g	b	t	t	b	b	n	i	f
u	r	s	y	b	i	u	o	d	u	v	h	s	k	v
j	t	x	h	h	f	r	g	h	u	b	j	p	j	c
n	g	i	g	m	i	h	b	v	m	n	m	e	h	u
b	h	e	w	s	c	z	h	n	f	d	x	c	k	g
g	o	r	a	t	i	o	n	e	i	y	m	t	s	n
v	e	t	h	p	u	f	d	v	c	h	j	u	b	m
b	c	d	r	t	z	e	g	r	a	d	u	s	v	k
h	o	u	z	t	r	g	h	j	b	c	h	d	g	e

K 4 Die u-Deklination 2

1. **<u>Übersetze:</u>** *Der griechische Geschichtsschreiber Herodot berichtet von den Sitten und Gebräuchen der alten Ägypter erzählt dabei viele (für ihn als Griechen) sonderbare Dinge:*
In custodia (*custodia, -ae* die Obhut) feminarum non solum (nur) familia domusque erant, sed eae etiam in foro (*forum, -i* der Marktplatz) mercaturam (*mercaturam* der Handel, das Geschäft) curabant. Aegyptii, quia mortem metuebant, corpora mortuorum condiebant (*condire* einbalsamieren), nam homines vivere putabant, si corpora eorum integra erant. Virum, quem crocodilus (!) captaverat et necaverat, sacerdotes Nili (*Nilus, -i* Nil) dei manibus suis sepeliverunt. Taurum (*taurus, -i* Stier), postquam cornua eius ornaverunt, paucis passibus ad aram (*ara, -ae* Altar) duxerunt et uno ictu necaverunt.

2. **<u>Bestimme den Kasus und setze das Adjektiv in die richtige Form:</u>** (magnus) metu – domum (antiquus) – casu (felix) – (pauci) passibus – vultum (laetus) – gradui (celer) – ictus (acer; 4x) – manui (parvus) – cornu (vetus; 4x) – (multi)

fructibus – domorum (pulcher) – cornus (novus) – motuum (idoneus) – conspectum (pulcher).

3. **<u>Vorsicht! Schwarze Schafe! Welche Form tanzt aus der Reihe? Begründe deine Entscheidung!</u>**
   a) mons – metus – dolor – manus – sermo
   b) ictu – domo – arte – fuga – decori
   c) cornua – gratia – maria – facinora – corpora
   d) manum – otium – cornu – modum – ordinum
   e) passus – fructus – ventus – casus – conspectus
   f) valli – gradus – rationis – sepulcri – silvae
   g) cornibus – omnibus – cibus – militibus – pedibus

4. **<u>Gib in der ersten Spalte den Kasus, in der zweiten den Numerus der lateinischen Wörter an! Ergänze in der obersten Zeile die deutsche Bedeutung und füge in den restlichen Kästchen die richtigen lateinischen Formen ein!</u>**

K	Num	d:	d:	d:	d:	d:
		domui				
			cornuum			
				manibus		
					coloris	
				manu		populo

5. **<u>Löse folgendes Rätsel:</u>** Verändere vom Ausgangswort *emite* pro Zeile einen Buchstaben, bis sich am Ende *video* ergibt. Jeder Buchstabe von *motus* muss einmal (aber nur einmal) verändert werden. Die Buchstaben dürfen untereinander vertauscht werden. Ein Tipp: *medius, -a, -um* heißt *der Mittlere.*

E	M	I	T	E
V	I	D	E	O

K 5 Die ē-Deklination

1. **<u>Übersetze:</u>** *Ein Reiseführer über Kreta*:
   In Creta homines, qui magna spe insulam petunt, multas res praeclaras videre possunt. Omnibus fere (beinahe) diebus sol de caelo lucet (*lucere* Verb zu *lux*). Facies insulae varia est: Alios homines species maris alti, alios (species) montium asperorum delectat. Incolae vicorum hospites magna fide exspectant. Multa artificia (*artificium, -i* Kunstwerk) hospites videbunt, nam in Creta homines sunt, qui magna animi acie et arte res praeclaras parant.

2. **Setze das Substantiv in die richtige Form:** (res) secundis – magnam (fides) – (dies) pulchros – (acies; 2x) prima – (species; 2x) crudeli – (spes; 3x) parvae – (facies) omnium – (dies; 2x) tertio

3. **Finde alle Ablative!** die – magnitudo – luce – firmo – fide – omni – difficile – speciei – itinere – manu – flumina – mari – sermonis – ordo – inopia – navi – studio – aciem – viris – urbis – vicis – equo – terris – turris – casus – dolore – animalibus – rebus –- cibus – facies – spei – memoria – imago – cornua

4. **Gib in der ersten Spalte den Kasus, in der zweiten den Numerus der lateinischen Wörter an! Ergänze in der obersten Zeile die deutsche Bedeutung und füge in den restlichen Kästchen die richtigen lateinischen Formen ein!**

K	Num	d:	d:	d:	d:	d:
		die				
			manui			
				artificis		
					terrarum	
						animum

5. **Finde den richtigen Weg durch das Labyrinth!**

	INTRA		Gen Sg		Gen Pl		Abl Pl	
Akk	aciei	Nom Pl	libros	Akk Pl	facies	Dat Pl	milia	Gen
	Gen Sg		Gen Pl		Nom Pl		Akk Sg	
Gen	cornua	Abl Sg	ictuum	Akk Sg	metu	Abl Sg	gradus	Dat
	Akk Pl		Dat Sg		Nom Sg		Gen Sg	
Dat	sepulcri	Nom Pl	spei	Akk Pl	casu	Gen Pl	saxum	Abl
	Gen Sg		Gen Pl		Gen Pl		Akk Sg	
Akk	diebus	Nom Sg	reginarum	Gen Sg	vultum	Dat Pl	faciebus	Akk
	Abl Pl		Dat Sg		Akk Sg		Dat Sg	
Dat	fidem	Nom Pl	artifici	Gen Pl	impetus	Nom Pl	res	Abl
	Akk Sg		Akk Pl		Akk Sg		Akk Pl	
Akk	vallis	Dat Pl	manuus	Abl Sg	domo	Dat Sg	navis	Abl
	Gen Sg		Dat Pl		Gen Pl		Gen Sg	
Gen	conspectui	Dat Sg	specie	Abl Sg	rerum	Akk Sg	species	Gen
	Nom Pl		Akk Sg		Dat Sg		Nom Sg	
Dat	aciem	Nom Sg	passui	Akk Pl	fructum	Dat Sg	comitis	Gen
	Nom Pl		Gen		Nom		Abl	

K 6 Komposita von ire

1. **Übersetze:** Si Cretam insulam obibitis, adite loca antiqua! Qui ruinas (!) Minoum (*Minoes, -um* die Minoer) inibit et domus regias circumibit, etiam praeclaras scalas (*scalae, -arum* Treppe) Minoias praeteribit. Si etiam aurum, statuas, tabulas (*tabula, -ae* Bild), imprimis (besonders) autem vasa fictilia (*vasa fictilia* Tongefäße) Minoum videre vultis, musea (*museum, i* das Museum) adire debetis. Qui labores subierint et montes ad occidentem (nach Westen) sitos transierint, loca pulchra inibunt. Ibi per magnum saltum (*saltus, -us* die Schlucht) ire possunt. Cum e hoc saltu prodierint, mare videbunt.

2. **Übersetze folgende Formen:** adis – subistis – transeo – redi – perisse – abite – interierant – prodibat – praeteribimus – circumeunt – obieratis – iniit – subit – aditis – inibo – transierunt – prodimus – obibamus – praeterierat – circumisti – inii

3. **Wähle die passende Kompositumform von *ire* übersetze:** adierat - adierunt - adisti – ineunt – init - iniimus – obii - obiit - prodierat – subibo - subierant
Orator in publicum ..... – Nos consilium ..... – Ego omnes labores ..... – Senator mortem ..... – Magnum periculum ..... – Germani cum Gallis foedus ..... – Copiae montem ..... – Athenienses oraculum ..... – Consul magistratum ..... – Negotium ..... – Puer amicum ...

4. **Ersetze die Formen von intrare durch die entsprechenden von inire, von petere durch adire:** intrabas – intravimus – intras – intrabitis – intro – intraverit - intra – intraverant – petunt – petivisti – petam – petivero – petiveras – petit – petivi.

5. **Löse folgendes Silbenrätsel!**
ad – bas – bi – cir – cum - e – e – e – e - i - i – i – i – i – i – in - is - mus – mus - o – ob - prae – prod – rat – red - ro - sub – te - ter – tis - trans - unt
ich gehe vorüber – sie nehmen auf sich – du gingst heran – wir werden hinübergehen – er war aufgetreten – umzingelt! – ihr seid entgegengegangen – ich werde betreten haben – wir kehren zurück.

K 7 Das Passiv der ē-Konjugation im Präsensstamm

1. **Übersetze:** Scimus Cretenses antiquos praeclaras domos regias obtinuisse, ubi multae cellae (*cella, -ae* Zimmer) videri possunt. Etiam magna ars a Cretensibus adhibebatur; de hac arte vasis (*vasa, -orum* die Gefäße), imaginibus, orna-mentis (!) docemur. Quia domus regiae muris ingentibus non continentur, putamus Cretenses pacem diu obtinuisse. Etiam a sceleribus prohiberi non debebant, quia apud eos ius et fides retinebantur. Impetus hostium iam in mari alto sustineri potuit.

2. **Ermittle alle Passiv-Formen und übersetze sie ins Lateinische:** du wirst anwenden – ihr wurdet festgehalten – er wird abgehalten – du hieltest ab – sie wurden zusammengehalten – wir werden zurückhalten – es wird ausgehalten werden – ich werde gehindert – sie halten zusammen – du wirst zurückgehalten – wir werden abhalten – ihr werdet festgehalten werden – sie wendeten an – wir werden gehindert – sie werden angewendet werden – ich werde festhalten – sie werden ausgehalten – er hält ab – ihr hieltet aus – es wurde zusammengehalten – du wirst gehindert werden.

3. **Übersetze:** prohibentur – arcebantur – completur – flebimini – moneor – obtineris – retinebar – terrebor – tenemur – videris – impleri – docebamini – adhibebuntur – continebamur – sustinebitur – moveberis – delebatur.

4. **Bilde zu allen Aktiv-Formen die entsprechenden Passiv-Formen und umgekehrt:** prohibebunt – sustinemur – retinebaris – adhibent – obtines – adhibemini – prohibebimur – continebant – obtinebis – adhibere – retinebamur – sustinebor – prohibes – obtineor – sustinebat – retinebatis – obtinebimur – continentur – prohibeo – adhibebatur.

5. **Löse folgendes Zahlenrätsel zu den passiven Verbformen! Als kleiner Tipp: Der Buchstabe m kommt zweimal vor (einmal auch im Lösungswort, das einen bekannten Mann bezeichnet!).**

5	9	8	6	2	9	10	12	4	6	2	6
14	13	14	8	6	2	9	5	6	14		
1	12	10	9	10	12	8	13	5			
7	10	8	6	2	9	10	9	5	6	14	
3	5	7	1	6	10	9	7	5			
12	11	1	6	10	9	2	8	13	5		
15	7	2	8	6	2	9	10	6	4	13	5

Lösungswort: 4-6-2-7-14

K 8 Das Passiv der ā- und ī-Konjugation im Präsensstamm

1. **Übersetze:** Species Cretae insulae casibus variis mutabatur. Scitis Cretenses etiam nostris temporibus motibus terrae terreri, sed tanta calamitate non iam terrentur, quanta erat circiter (ungefähr) anno a. Chr. n. millesimo sescentesimo quinquagesimo quinto. Tum incolae subito viderunt lapides fervidos (*fervidus, -a, -um* glühend) e monte iactari (*iactare* schleudern) et urbes et agros ubique deleri. In Creta multis locis indicia (*indicium, -i* Anzeichen) eius calamitatis adhuc (heute noch) reperiuntur. Post hanc calamitatem Cretenses nesciebant: Quo-modo domus et urbes nostrae muniri debent? Quo-modo hi casus ingentes fugientur?

2. **Unterscheide und übersetze folgende Formen:** reperis – reperiris – reperieris – repperi – reperiri – reperiar – reperiam – reperior – comperientur – comperiuntur –

comperient – comperiam – comperi (2x) – comperiri – comperit (2x) – comperiet – comperisti – comperis – comperite – muta – muto – mutor – mutabor – mutabar – mutabaris – mutaberis – mutaveris – mutaveras – mutabuntur – mutamini – mutari – mutare – mutate – vitantur – vitatur – vitabitur – vito – vita (3x) – vitaris – vitas (2x) – vitavimus – vitamus – vitamur.

3. **Bilde die Konjugationsschlange!**

reperire => (2. Sg. Präs. P.) => (Pl.) => (Fut. I) => (A.) => (Fut. II) => (Perf.) => (Präs.) => (3. Pl.) => (Impf.) => (P.) => (Sg.) => (A.) => (Pqpf.) => (2. Sg.) => (Fut. I)

mutare => (3. Sg. Präs. A.) => (Perf.) => (Pl.) => (Pqpf.) => (Fut. I) => (P.) => (1. Pl.) => (Impf.) => (A.) => (Präs.) => (Sg.) => (P.) => (Fut. I) => (A.) => (Fut. II)

operire et vocare => (2. Sg. Präs. A.) => (Fut. II) => (Perf.) => (1. Sg.) => (Impf.) => (P.) => (2. Sg.) => (A.) => (Pqpf.) => (3. Sg.) => (Präs.) => (P.) => (Fut. I) => (Pl.)

audire et videre => (2. Sg. Impf. A.) => (Pl.) => (Pqpf.) => (1. Sg.) => (Präs.) => (P.) => (Fut. I) => (2. Sg) => (3. Pl.) => (Präs.) => (A.) => (Impf.) => (Fut. II) => (Sg.) => (Perf.) => (Präs.)

4. **Verbinde das lateinische Wort mit der richtigen Übersetzung!**

reperit	er wird finden
repperit	er wird gefunden
reppererat	er hat gefunden
reperiri	er hatte gefunden
reperitur	er wird gefunden werden
reperiebat	er wird gefunden haben
reperiebatur	er wurde gefunden
reperiet	gefunden zu werden
reperite!	er findet
reperietur	er fand
reppererit	Findet!

5. **Löse folgendes Kammrätsel!**

Die „Zähne" des Kammes bedeuten von links nach rechts: angegriffen zu werden – ihr werdet geändert – wir werden zugedeckt – sie werden abgewehrt – Wo seid ihr gegangen? – du wirst geliebt werden – er wird erschreckt – er hat gefunden.

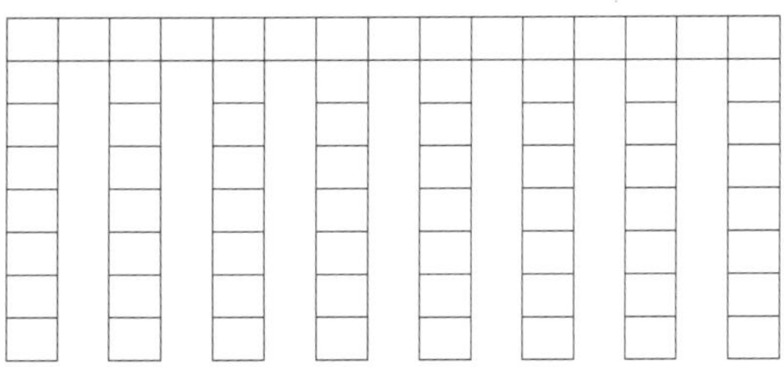

Ergänze nun die noch fehlenden Felder sinnvoll zu einem bekannten lateinischen Sprichwort!

K 9 Das Passiv der 3. Konjugation im Präsensstamm

1. **Übersetze:** A Cretensibus, quibus magna classis erat, pericula maris non metuebantur. Dominus navis nautis (erg. sagte): „Magnae divitiae vobis proponentur, si officium, quod vobis imponitur, expleveritis. Spes mea in virtute vestra ponitur. A piratis naves nostrae non diripientur, nam a nautis navium longarum, quae circum navigia (*navigium, -i* das Schiff) vestra disponuntur, metus semper deponitur, cum hostes vident." Animi nautarum saepe componuntur, si verba domini navis audiunt.

2. **Bestimme folgende Formen und übersetze sie anschließend:** componentur – componebantur – composueras – componemus – ponebatis – posuero – ponit – posui – imponemini – imposuistis – imponebam – imponor – proposuerint – proposueras – propono – proponebatur – disposueratis – disposuerunt – disponetur – disponuntur – metuebamur – metuimur – metuisti – metuéris – rapiar – rapiebaris – rapueratis – rapimini – rapi.

3. **Wirf den Kuckuck aus dem Nest!** (Begründe deine Entscheidung!)
   a) mutor – dolor – ponor – laudor – metuor
   b) coleris – reperiris – captaris – seris – moneris
   c) mutabitur – imponemur – tenentur – reperiemini – rapieris
   d) colimini – ponimini – vitamini – flumini – spectamini
   e) poni – laudi – coli – peti – conquiri

4. **Gib in der ersten Spalte Person, Numerus, Tempus und Genus verbi des jeweiligen Verbums an! Ergänze in der obersten Zeile die deutsche Bedeutung und füge in den restlichen Kästchen die richtigen lateinischen Formen ein!**

Verbform:	d:	d:	d:	d:	d:
	ponitur				
		reperiebamur			
			mutabor		
				prohibui	
					rapiunt

5. **Löse folgendes Rätsel!** **Die schraffierten Felder ergeben das Lösungswort.**

es wird verfasst werden
ich werde gefürchtet werden
wir wurden gequält
ich stellte
du legst ab
du wirst in Aussicht stellen
sie werden geordnet
auf etwas gesetzt werden
es wird vermieden werden

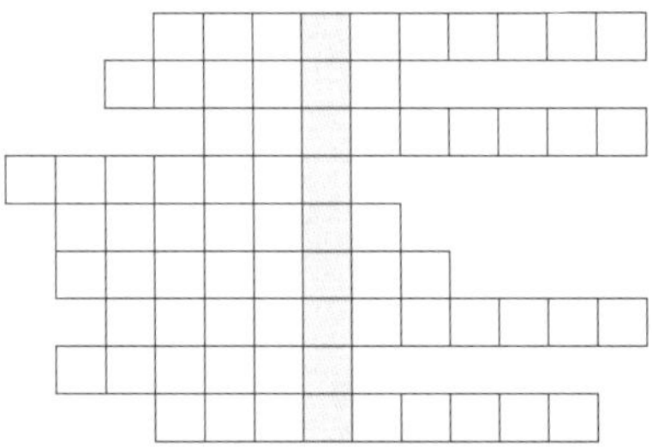

K 10 Das Passiv im Perfektstamm – u-Perfekt und Dehnungsperfekt der ā-Konjugation

1. **Übersetze:** De gloria Thesei, filii Aegei regis, ubique verba sonuerunt. Iuvenis fortis labyrinthum (!) in Creta situm intraverat, quamquam vetitum erat. Etiam alio modo Theseus Graecos adiuverat: Ab illo animalia fera domita (erant), homines scelerati (*sceleratus, -a, -um* verbrecherisch) puniti erant (*punire* bestrafen). Procrustes a Theseo punitus est, quia hospites suos ratione crudeli necaverat: Hospiti, cui lectus (*lectus, -i* das Bett) minor (zu klein) datus erat, membra (*membra, -orum* die Gliedmaßen) longiora (zu lang) secuit; hospiti, quem in lecto maiore (zu groß) posuerat, membra minora (zu klein) tetendit (er dehnte).

2. **Setze die Aktiv-Formen ins Passiv, die Passiv-Formen ins Aktiv:** domui – secuerant – secti erunt – vetuit – adiuvatis – expugnabant – audies – ponemur – laudaveras – captati sumus – sanatus erit – peto – nuntiavit – pugnaverint – monuero – docuerant – cogitatum erat – interrogati estis – exspectati eramus – superavimus – impediam – ducis – delectavisti.

3. **Formenlabyrinth**
Finde den richtigen Weg durch das Labyrinth! Beginne links oben bei „intra"!

	INTRA		3.Pl		3.Sg Perf A.		1.Sg Impf A.	
2.Sg Fut I P.	domiti erant	3.Pl Perf P.	deponuntur	2.Pl Präs P.	sustinueramus	3.Pl Perf A.	compones	2.Sg Fut I A.
	3.Pl Pqpf P.		2.Pl Präs P.		1. Sg Fut I A.		1.Sg Präs A.	
1.Pl Perf A.	metuitur	2.Sg Präs A.	comperiebam	3.Pl Impf P.	obtinebitur	2.Pl Präs P.	adiuvo	1.Pl Pqpf A.
	3.Sg Präs P.		1.Pl Impf A.		3.Pl Präs P.		1.Sg Fut I P.	
3.Pl Impf A.	reperieris	2.Sg Fut I P.	ponimur	2.Pl Fut I A.	imposueramus	1.Pl Pqpf A.	audiar	1.Sg Präs P.
	2.Pl Präs P.		1.Pl Präs P.		2.Sg Fut I P.		2.Pl Perf A.	
3.Sg Fut I P.	expugnabitur	3.Sg Pqpf P.	vitatum erit	1.Sg Fut I A.	peteris	3.Pl Präs A.	retinemini	1.Sg Fut I P.
	3. Sg Fut II A.		3.Sg Fut II P.		2.Pl Fut II P.		1. Sg Perf A.	
2.Pl Perf A.	continuisse	3.Pl Impf P.	adhibebantur	3.Pl Präs P.	invitati eritis	Inf Präs P.	disponi	1.Pl Fut I A.
	Inf Perf A.		2.Sg Pqpf P.		1. Sg Impf A.		1. Sg Pqpf P.	
1.Pl Präs A.	ierunt	2.Sg Perf. P.	certate	3.Pl Pqpf A.	prohibueris	2.Pl Präs P.	interrogatus eram	3.Sg Impf A.
	3.Pl Perf A.		2. Sg Impf P.		3.Sg Präs A.		3. Sg Impf A.	
2.Sg Präs A.	secuisti	1.Sg Fut I A.	pertinebit	3.Sg Pqpf P.	patebunt	3.Pl Fut I A.	sonabat	2.Sg Fut I A.
	2.Sg Perf A.		2.Sg Perf A.		3.Sg Fut II P.		3.Pl Fut I A.	
1.Sg Fut I P.	captati eramus	1.Pl Pqpf P.	vetitum est	3.Sg Perf P.	aedificatum erit	2.Sg Perf P.	proponebatur	1.Pl Perf P.
	3.Sg Pqpf A.		1.Pl Impf P.		1.Pl Fut I A.		3.Pl Impf P.	

4. **Bilde zum Präsensstamm die entsprechenden Formen des Perfektstammes und umgekehrt (Präsens <=> Perfekt, Imperfekt <=> Plusquamperfekt, Futur I <=> Futur II):** sustinent – domabaris – vetiti sumus – adiuvabit – timebamus – visitati estis – superati erimus – temptamur – vocabantur – moniti eratis – secaris – docebitur – paratus sum – nuntiavimus – narratum erat – sepeliebat – recitabuntur – monstrabatur – rogatus eris – ornati sunt – portavistis – liberati eramus.

5. **Unterscheide und übersetze:** domo (2x) – domi – domari – domui (2x) – domitus sum – domus (3x) – domabat – domas – domos – domorum – dominum – domiti erant – veto – vetui – vetari – vexari – vexati sunt – vetitum erat – vitatum est – vitam – vitabo – vito – viro (2x) – vico (2x) – sonant – sanabat – sonuerant – sonabas – sono – sino – sivero – sinet.

K 11 ā Konjugation: Verben mit Reduplikationsperfekt

1. **Übersetze:** Multi putant solum (nur) Herculem Theseo fort-itudine praestitisse. Constat Theseum a puella prudenti (*prudens, -ntis* klug) adiutum esse. Ariadna, filia Minois regis, Theseo, cui magnum periculum instabat, auxilium praestiterat eique filum (*filum, -i* der Faden) dederat. Theseus, quamquam labyrinthum (!) Minotauri intraverat eumque temptaverat et necaverat, hoc filo ex labyrintho ef-fugit et integer ad socios suos rediit, a quibus iuvenis magno cum gaudio circumdatus est. Quo-modo Theseus puellae gratias habuit?

2. **Setze folgende Formen des Präsensstammes in die entsprechenden des Perfektstammes und umgekehrt:** circumdaris – circumdabunt – circumdo – circumdederat – circumdatum erit – circumdabamur – circumdati estis – praestat – praestamus – praestabitis – praestiterunt – praestabam – praestiteras – institi – instare – instabant – institerimus – instas – instabo – restatis – restiterant – restiterint – restabat – restabis – constat – constabas – constitistis – constiterimus – constabit.

3. **Übersetze folgende Wendungen treffend ins Deutsche! Beachte dabei den Kasus!** Daedalus omnibus arte praestabat. – Iter difficile Daedalo filioque instat. – Hannibal Romanis instabat. – Hercules omnibus viris forti-tudine praestat. – Milites officium praestabunt. – Multos annos Minos Daedalo instabat. – Graeci Romanis litteris praestiterant. – Liberi patri honorem praestare debent. – Dei nobis magnum munus praestiterunt.

4. **Bilde die Tempusreihe!**

Präsens	Imperfekt	Futur I	Perfekt	Plusquampf.	Futur II
circumdaris					
	prohibebar				
		rapiemus			
			coluistis		
				auditi erant	
					constiterit

5. **Löse folgendes Rätsel!**

Die dunklen Felder ergeben den Beginn eines berühmten Ovid-Zitats. Die Spalten bedeuten senkrecht von links nach rechts: ich werde zugedeckt – ich habe auf etwas gesetzt – es steht fest – verboten (worden) – sie bleiben übrig – auf dem Hinterdeck – ich leiste – du wurdest gegeben – auf sich genommen zu haben – ich habe bedrängt – er ist vorgetreten – ich werde gestanden sein – er wird geraubt – ich werde gehalten werden.

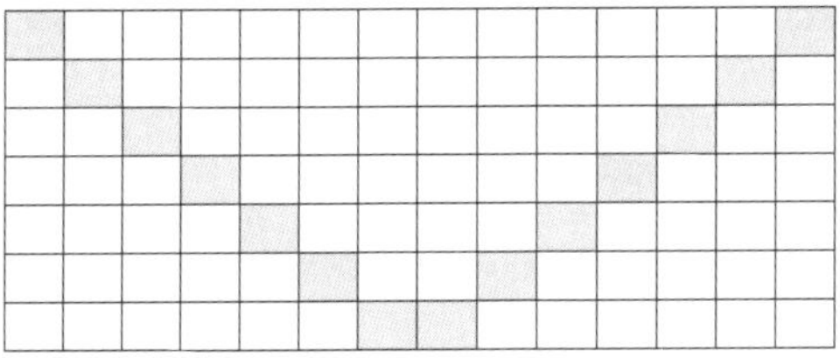

K 12 Komposita von esse

1. **Übersetze:** Civitas Cretensium diu pace et amicitia continebatur, Mycenenses (die Mykener) autem saepe bellis intererant. Itaque viri saepe a patria aberant. Scimus regem, cui viri fortes aderant, civitati Mycenensium praefuisse. Quamquam viri saepe in armis erant, artes non deerant; in arcibus (*arx, arcis* die Burg) regum aut nobilium imagines praeclarae videri possunt. Etiam ornamenta (*ornamentum, -i* das Schmuckstück) aur-ea non prodesse, sed delectare poterant. Gentes Mycenenses perierunt, sed artificia (*artificium, -i* das Kunstwerk) et fabulae, quae de eorum fortitudine et animo et gloria narrant, superfuerunt.

2. **Unterscheide und übersetze:** adsum – absumus – ades – adeo – adis – adestis – aditis – absunt – adeunt – adiit – adest – afui – adfuerat – aderat – adierat – adierunt – interit – interest – intererat – interfuerant – interieratis – inierit – praeterit – praeerit – prodestis – prosunt – prodeunt – proditis – proderas – prodieras – prodibas – proderis – prodieris – profuerint.

3. **Übersetze folgende Komposita, indem du sie zunächst in Präfix und Verbum simplex zerlegst und deren Grundbedeutung angibst:** (Auf diese Weise kannst du dir die Bedeutung mancher Verben erschließen, auch wenn du sie noch nicht gelernt hast):
abestis – abimus – adveniunt – adfuit – adduxisti – desumus – deducebatur – deponebas – constant – continuistis – convocatis – component – concurrunt – convenistis – conducunt – inibunt – proponis – prosunt – proditis – retinui – restabunt – revenio – remaneo – redis – praestat – praeerant.

4. **Setze die Substantive in den richtigen Kasus und übersetze:** (pugna) interfuimus – Lex (facinus) vetat – Consules (civitas) praeerant. – Medicus (pater) adfuerat. – Miles (feminae) adiuvat. – Filiae (mater) supererunt. – Hostes (milites) instabant. – (Officium) praesto. – Ulixes (comites) ratione praestabat.

5. **Wie viele verschiedene lateinische Wörter verstecken sich in dieser Wortschlange?**
INTERESUMETUADERASUPEREROBORISPRODESTISECORDEERITINERAD SUNTAFUISTISPECTAMEN

K 13 ē-Konjugation: Verben mit v- und u-Perfekt 1

1. **Übersetze:** *Perseus, welcher der Sage nach mit Proitus die gewaltigen Kyklopenmauern von Mykene errichtet haben soll, ist noch für andere Heldentaten berühmt. Eine davon erzählt Ovid, dessen „Metamorphosen" auch die Geschichte von Dädalus und Ikarus enthalten.*)
Perseus dum trans mare caligis pennitis (*caligae pennitae* Flügelschuhe) volat, quae ei a Minerva praebitae erant, in litore (*litus, -oris* Strand) puellam vidit, quae in lapide vincta erat (*vincire* fesseln). Perseus, cuius cor misericordia (*misericordia, -ae* Mitleid) impletum est, puellam admonuit: "Ego, qui a Medusa (*Medusa;* ein Ungeheuer mit Schlangenhaaren, deren Blick in Stein verwandelte, wurde von Perseus besiegt) territus non sum, te adiuvabo. Cur autem vinculis (*vinculum, -i* Fessel) teneris?" Puella flevit et respondit: „Andromeda sum, filia regis, cuius arx a monstro (*monstrum, -i* das Ungeheuer) delebitur, nisi (wenn nicht) ei puella data erit. Quis monstrum prohibere potest?" Iam Perseus monstrum per mare ad-volare vidit. Non perterritus est, dolum (*dolus, -i* List) adhibuit, monstrum necavit, puellam liberavit.

2. **Setze die Aktiv-Formen ins Passiv und umgekehrt:** fleti estis – monueram – delebunt – terrebis – habebat – admonuerunt – perterruerimus – implevisti – praebebor – adhibiti erant – prohibebitis – debueras.

3. **Bilde zu allen Formen des Präsensstammes die entsprechenden des Perfektstammes und umgekehrt:** delebunt – praebitum est – monebatur – flevimus – complebaris – perterreor – habuero – admoniti sumus – debuistis – adhibiti
erant – prohibuerimus – impleti eritis – terrebis.

4. **Gib in der ersten Spalte Person, Numerus, Tempus und Genus verbi des jeweiligen Verbums an! Ergänze in der obersten Zeile die deutsche Bedeutung und füge in den restlichen Kästchen die richtigen lateinischen Formen ein!**

Verbform:	d:	d:	d:	d:	d:
	proderas				
		audiunt			
	---------------		domitus erat		
	---------------			flebor	
					terrui

5. **Löse folgendes Silbenrätsel!**
ad – ar – bam – be – be – bes – bi – bu – bun – cis – com – de – de – e – es – est – fle – ha – hi – hi – is – it – le – mo – mus – nu – per – ple – prae – pro – ri – ro – ru – runt – sunt – ter – ter – ti – ti – tum – tur – tus – ve – vi.
der Burg (Gen) – er hat erschreckt – es ist angefüllt worden – du musst – sie haben zerstört – sie werden gehindert werden – wir haben geweint – ich hatte – sie sind gewährt worden – du hast ermahnt – ich werde angewendet haben – du bist heftig erschreckt worden.

K 14 ē-Konjugation: Verben mit u-Perfekt 2

1. **Übersetze:** Iam monstrum (*monstrum, -i* das Ungeheuer) apparuit. Perseus auxilio aliorum non eguit. Primo impetus monstri acres gladio arcuit. Sed ictus parvi gladii monstro ingenti non nocuerunt; non doluit. Tum iuvenis, cui mors imminuit, vas aperuit et caput Medusae monstro monstravit. Statim in lapidem mutatum est et quasi (gleichsam wie) mons in mari iacuit. Perseus nunc saluti puellae studuit. Postquam e vinculis (*vinculum, -i* Fessel) liberata est, in arcem regiam cum Perseo cucurrit, ubi portae iuveni forti patebant.

2. **Bilde die Konjugationsschlange!**
arcere => (2. Pl. Präs. A.) => (Perf.) => (3. Pl.) => (Fut. II) => (Fut. I) => (P.) => (1. Sg.) => (A.) => (Pqpf.) => (Präs.) => (P.) => (2. Sg.) => (Fut. I) => (Impf.).
exercere et dicere => (1. Sg. Präs. A.) => (Fut. I) => (P.) => (Pl.) => (Impf.) = > (A.) => (Pqpf.) => (Präs.) => (3. Pl.) => (Perf.) => (Fut.II) => (2. Pl.) => (Präs) => (P.)

3. **Unterscheide und übersetze:** arcessit – arcuit – accendit – apparet – aperit – aperuimus – apparuistis – patet – petet – parebam – placent – paruerat – paraverant – nocent – necat – negaverant – narratum est – debeo – delevimus – dolebit – docueras.

4. **Löse folgendes Zahlenrätsel!** (Ein Tipp: Der Buchstabe „d“ kommt zweimal vor.)

2 10 6 1 9 1 3   8 11 8 12 2 7 4
5 8 13 10 7 1 2   13 2 14 8 3
9 1 4 4 8 14 1 20   20 4 10 15 8 12 1 19 10 20
1 7   19 10 14 3   1 2 13 8 12 2 4
12 8 9 9 10 19   1 19 19 1 7 8 4
5 10 8 14   15 3 9 10 1 4
16 3 20 4 8 20   2 14 13 10 8 14 10 7 4
14 8 6   2 5 5 2 14 10 8 14 2 4
9 1 12 8 14 1   8 6 8 14 13 8 12 10 7 4
4 8 19 5 8 20 4 2 20   7 3 13 10 1 4
5 3 14 4 2   5 2 4 8 12 2 4

Lösungswort: 5 14 3 1 4 10 20   14 8 6 : *Mykenische Sagengestalt und ihr Rang*

5. **Ergänze bei den folgenden Verben die fehlenden Buchstaben:** egeb_m – stud_imus – dele_imus – mon_tus sum – circumd_ti erant – arc_istis – vet_tum est – praest_terit – po_iti sunt – doleb_ – iac_erunt – depo_ _erint – rep_eri – adhib_it – retin_tur – terr_isti – deb_ti sunt – imminebu__ – fle_isse – compl_tum est – pat_t – noc_eras – appare_it – exercu_i car_i – dol_re.

K 15 ē-Konjugation: Verben mit u-Perfekt 3

1. **Übersetze:** Henricus Schliemann quod puer (als ...) libros Homeri, qui fabulas claras continent, (in) manibus suis tenuerat, magna admiratione (*admiratio, -onis* die Bewunderung) studioque completus est. Nam illi viri, quorum facinora Homerus narrat, non tacuerunt, non pericula timuerunt, sed valuerunt, labores asperos sustinuerunt, ingentem laudem meruerunt. Itaque putabat vestigia (*vestigium, i* die Spur) omnium illorum hominum adhuc (noch, bis jetzt) superesse et quaeri oportere. Quia Henricus Schliemann hoc desiderium (*desiderium, -i* die Sehnsucht der Wunsch) (in) memoria semper retinuerat, ei placuit licuitque magna pecunia, quam meruerat, loca antiqua brevi reperire et aperire.

2. **Bilde eine Tempusreihe zu folgenden Verbformen (Präs.→Imperf.→Fut.I→ Perf.→Plusqupf.→Fut.II):** retines – retineris – meretis – meremini – timet – timetur.

3. **Setze folgende Verbalformen in den Singular bzw. Plural und übersetze sie dann:** vales – tacuistis – timemus – placuimus – placebat – tenuerant – merebo – meruero – teneris – tenueris – valuimus – valebimus – timeor – timuerunt

4. **Wer findet die zehn lateinischen Verbalformen, die sich in diesem Buchstabensalat verbergen?**
Als Hilfe findest du hier die deutschen Übersetzungen: ihr habt ausgehalten – es war erlaubt gewesen – sie fürchten (Fut.II) – du hältst fest – schweigt – es wird sich gehören – sie waren gesund – du wirst gehalten werden – sie haben verdient – gefallen zu haben

S	B	Q	X	A	C	M	L	I	S	V	Y	S	T	O
V	R	G	S	U	S	T	I	N	U	I	S	T	I	S
B	V	S	E	Q	V	E	C	L	P	U	B	A	M	S
X	U	T	N	T	C	N	U	M	V	Y	F	C	U	D
A	M	T	I	V	X	E	E	R	A	Z	O	E	E	P
F	I	D	T	H	P	B	R	G	L	V	E	T	R	R
Z	Y	L	B	R	S	E	A	O	E	T	U	E	I	V
U	N	F	O	P	O	R	T	E	B	I	T	U	N	T
O	R	M	M	A	S	I	D	F	A	B	V	C	T	S
P	L	A	C	U	I	S	S	E	N	X	M	N	R	T
R	M	E	R	U	E	R	U	N	T	A	B	F	O	R

5. **Ersetze die Lücken in der folgenden Tabelle:**

timeo		timebam		timebo	
	valuistis		valueratis		valueritis
		oportebat			
retinemur	retenti sumus				
			tacuerant		
					meriti erunt

K 16 ē-Konjugation: Verben mit u-Perfekt 4 – Reduplikationsperfekt

1. **Übersetze:** Iovi, quod dearum controversiam (*controversia, -ae* der Streit) de pulchri-tudine (Subst. zu *pulcher*) ipse (selbst) componere noluit, hoc munus difficile mortali homini imponi placuit. Opinionem spe miscuit se hoc modo motum animi et iram dearum victarum (*victus, -a, -um* besiegt) vitare posse. Itaque Paridem, filium regis Troiae, hoc officium praestare iussit. Deae quamquam censuerunt se aliis pulchri-tudine praestare, tamen dona praeclara Paridi spoponderunt, nam animum iuvenis sibi conciliare (gewinnen) voluerunt. Fabula docet: Arbitrium (*arbitrium, -i* der Schiedsspruch, die Entscheidung) Paridis ex donis pependit, quae tres deae illi proposuerunt.

2. **Ersetze die Formen des Präsensstamms durch die entsprechenden des Perfektstamms und umgekehrt (Präs. ↔ Perf.; Imperf. ↔ Plusqupf.; Fut. I ↔ Fut. II):** docuistis – respondes – miscebimus – pependerant – censebam – spopondero – miscemini – penderis – doceris – respondimus

3. **Setze die Nomen in Klammern in den richtigen Kasus und übersetze dann:** (*Tu / fides*) docemus. – (*Auxilium*) eguistis. – (*Artes et litterae*) studuerat. – (*Metus et curae*) carebis. – (*Exercitus*) consul praefuit. – (*Vos*) pericula instabant. – (*Poeta*) gloria praestiti. – (*Amicus*) venire vetueram. – (*Agmen*) non intereritis. – (*Munus suum*) praestitit.

4. **Bilde eine Tempusreihe zu folgenden Verbformen (Präs.→Imperf.→Fut.I→ Perf.→Plusqupf.→Fut.II):**
   a) im Aktiv: doces – pendetis
   b) im Passiv: respondetur – miscentur

5. **Welche Endungen lassen sich mit welchen Stämmen verbinden? Warum?**

pende-		-isti
censu-		-ris
spopond-		-tis
doce-		-istis
respond-		-s
miscu-		-erunt

K 17 ē-Konjugation: Verben mit s-Perfekt

1. **Übersetze:** Postquam deae dona Paridi proposuerunt, quae mortales non irrident, sed toto corde cupiunt, iuvenis primo haesit et animus eius spe completus arsit. Sed brevi sibi persuaserat donum Veneris, feminam pulcherimam (die schönste) orbis terrarum, auctoritatem suam maxime augere: Venus victoriam habuit. Itaque Paris auxilio huius deae Spartam adiit, ubi paucos dies mansit et amorem Helenae, uxoris Menelai, sibi paravit. Tum Helenam rapuit et cum femina desiderata Troiam (nach Troja) nave rediit.

2. **Ersetze die Formen von *merere* durch die entsprechenden von *augere*, von *placere* durch die von *ridere* und von *spondere* durch die von *persuadere*:**
meruit – merebit – meruerant – meruisse – meruero – placuerunt – placeri – placebis – placueratis – placuistis – spondete – spopondisti – sponsum est – spoponderitis – spondebamus

3. **Übersetze ins Lateinische:** es hatte gebrannt – du wirst fördern – er wird verlacht – sie waren zurückgeblieben – er ist überzeugt – du bist stecken geblieben – sie war gefördert worden – sie harren aus (Fut. II) – verlacht zu werden – bleibt

4. **Wo steckt das Kuckucksei?**
a) arsistis – auxistis – haeseritis – spopondisti
b) misceris – riseris – augebaris – doceberis – doceris
c) manserunt – haeseratis – persuaserant – arsistis –risisti
d) obtentum – risum – hominum – auctum – mixtum

5. **Löse folgendes Rätsel!**
Die grauen Felder ergeben das Lösungwort.

brennen
wir werden gefördert
wir werden überreden
sie waren zurückgeblieben
ihr seid stecken geblieben
wir hatten gelacht
sie haben geantwortet
du hattest gelehrt
ich bleibe (Fut. II)

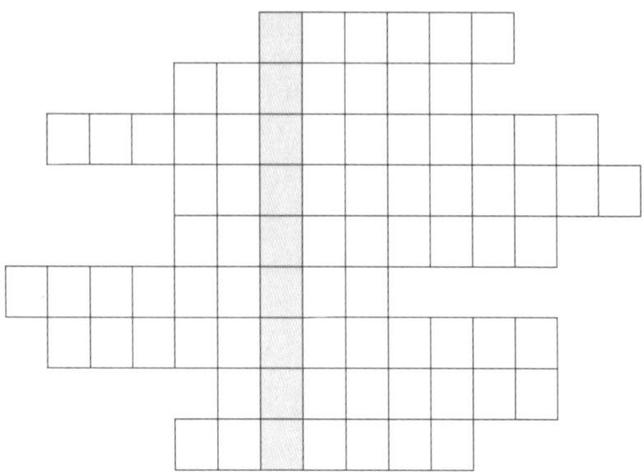

K 18 ē-Konjugation: Verben mit Dehnungsperfekt

1. **Übersetze:** Graeci Troianis inviderunt, quod decem annos in litore (*litus, -oris* die Küste) ad Troiam sito permanere debebant, hi autem domos lapid-eas et muros firmos possederunt et impetus hostium semper cavere potuerunt. Quamquam eis persuasum erat se adversariis virtute longe (bei weitem) praestare, ira commoti sunt, quod victoriam ante oculos non habebant. Tum ab Ulixe ad consilium callidum (*callidus, -a, -um* schlau) moti sunt: Specie (scheinbar) se in patriam removerunt; equus ligneus (hölzern), in quo viri armati sederunt, remansit. Troiani quia fraudem non caverunt, nocte urbem suam ardere viderunt.

2. **Ordne folgende Verbalformen jeweils dem Präsens- bzw. Perfektstamm zu:** cave – caveo – cavero – cavebo – sedit – sedet – sedebit – sederit – vidistis – videritis – videtis – videte – movebamus – moveramus – movimus – moverimus

3. **Bilde zu den Formen der Aufgabe 2 jeweils Singular bzw. Plural und übersetze!**

4. **Verwandle folgende Verbalformen in das Aktiv:** moti estis – visi erunt - possidebatur – permoveris – videri – invisum est – commoveberis – possidebitur

5. **Fülle die Lücken aus!**

sed..........	du bist ....
..........bit	....................sehen
..........tur	....................bewegt
cave..........	ihr ....
possed..........	er hatte ....
..........beris	....................gesehen .....?.....
moveris (2)	..... wirst ....
erunt	....................beneidet
permov..........	....................zu haben
posside.......... (3)	wir werden ....

K 19 Das Partizip 1: Formen

1. **Übersetze:** Non solum (nicht nur) Troiani, sed etiam Thraces antiqui erant homines magna virtute excellentes. Et (*et – et* sowohl – als auch) Troianorum (*Gen.* hier: von den ...) et Thracum aetate vetere magnam regionem incolentium vestigia in terra latentia (*latere* verborgen sein) supersunt. Quod autem libri poetarum fabulas claras de Thracibus componentium non reperiebantur, ea natio

diu ignota mansit. Nam Henricus Schliemann vestigia Toiae solum (nur) invenerat, quod ex libris Homeri compererat urbem ad mare iacentem a Graecis deletam esse.

2. **Bilde zu folgenden Verben Partizip Präsens Aktiv und Perfekt Passiv:** videre – movere – ridere – augere – miscere – delere – adhibere – dare – domare – inire – munire – petere

3. **Bilde zu folgenden Verben das Partizip Präsens im Genitiv und Ablativ Singular sowie im Nominativ und Genitiv Neutrum Plural:** finire – colere – cupere – currere – iubere – ire – dicere – venire – fugere – velle – adire – reperire – ponere

4. **Wandle den Relativsatz in einem Partizipialausdruck um (z.B.: mater, quae fabulas narrat → mater fabulas narrans):** pater, qui vinum aqua miscet – mare, quod vehementes venti permove(ban)t – pueri, qui amicos irride(ba)nt – ab hostibus, qui arcem delebant – hospes, qui magna pericula subit – servi, qui in agris labora(ba)nt

5. **Wie viele Partizipien erkennst du in folgender Wortschlange?**
EXCELLENTIMENTEMOTOBTINENTIADEUNTESESSONANTISTUDENS

K 20 Das Partizip 2: attributiver Gebrauch

1. **Übersetze:** Archaeologi (!) studio completi et variis casibus moti multas res in terra Thracia latentes (*latere* verborgen sein) invenerunt, velut (wie zum Beispiel) sepulcra statuis praeclaris ornata aut vasa speciem hominis praebentia. Thraces multis artibus doctos imprimis aurum sibi parare studuisse constat. Durus labor erat aurum purum in interioribus (*interior, -oris* der innere) partibus montium latens (*latere* verborgen sein) quaerere et invenire, facilius (leichter) erat aurum ex undis fluminum id metallum continentium capere (*hier:* gewinnen). Hoc aurum alio metallo raro (*rarus, -a, -um* selten) mixtum ad varia ornamenta adhibuerunt, velut pocula pulchra hominibus aetatis nostrae maxime placentia.

2. **Übersetze die in Kapitel 19 Übung 4 gewonnen Partizipialausdrücke**
a) wörtlich als geschlossene Wortstellung
b) durch Auflösung in einen Relativsatz; beachte dabei jeweils genau das Zeitverhältnis (ausgehend von einer übergeordneten Aussage im Präsens)!

3. **Übersetze folgende substantivierte Partizipien:** excellentes – inventa - possidentes – egens (f.) – invidentes – responsa – monentes – sponsum – mixtum – adhibentes – meritum – reperientes – praeteritum – sponsa

4. **Ersetze die Lücken passend und sinnvoll mit den lateinischen Entsprechungen und übersetze die vollständigen Sätze ins Deutsche (Partizipialausdrücke durch Relativsätze):** (Türen) domus a patre (erbaut) nobis placent. – Venit (2) philosophus (uns) verbis suis (überzeugen). – Amici maxime (Schmerz empfinden) nobis aderant. – Turres arcis a Graecis (zerstört) arserunt. – Vesperi et nocte (Wein) aqua non (gemischt) servi praebuerunt. –

Verba poetae fabulas Homeri (vorlesen) (die Zuhörer = die Hörenden) delectabant. – Cavete (Menschen) magna beneficia [*beneficium, -i* die Wohltat] (versprechen) neque (geben)! – Thraces aurum ab omnibus (begehrt = gewünscht) gewinnen [= bereiten] pericula sibi (drohend bevorstehen) non timuerunt.

K 21 DasPartizip 3: adverbialer Gebrauch 1

1. **Übersetze:** Apollo officia patris praestans Orpheum musicam (!) artemque lyrae (lyra, -ae die Leier, ein Musikinstrument) docebat. Itaque cantus Orphei magna et clara voce cantantis deis im-mortalibus omnibusque hominibus placuit. Constat etiam bestias feras cantu Orphei domitas eum adisse et placidas (friedlich) in loco permanentes carmina audivisse. Ambulantes cantu pulchro et vultu Orphei delectati statim haeserunt de calamitate aut miseria (*miseria, -ae* das Elend) sua non iam cogitantes. Etiam fama est lapides eius voce dulci (süß) captati se ex loco removisse os vultumque Orphei desiderantes.

2. **Übersetze folgende Sätze durch temporale Auflösung das Partizips:**
   Orpheus sibi magnam gloriam paravit
   - ab Apolline musica (!) eruditus (*erudire* erziehen, unterrichten).
   - etiam bestias feras cantu suo domans.
   - omnes homines voce pulchra delectans.
   - a nullo (niemand) arte superatus.

3. **Übersetze die Übung 2 durch kausale Auflösung des Partizips!**

4. **Übersetze die Übung 2 durch modale Auflösung des Partizips!**

5. **Mache dir den Sinnunterschied bei der unterschiedlichen Auflösung des Partizips deutlich und entscheide, welche Auflösung deiner Meinung nach die beste ist!**

6. **Löse folgendes Kammrätsel:**
   Die „Zähne" des schon stark abgenutzten Kammes bedeuten von links nach rechts: die Missgeschicke – es war erlaubt – den Unterirdischen – des Bechers – hervorragend – ihr habt gelacht – du wirst ersehnen – durch die Gesänge.
   Die obere Kammreihe ergibt die Namen zweier Frauen, die mit Orpheus in Verbindung stehen.

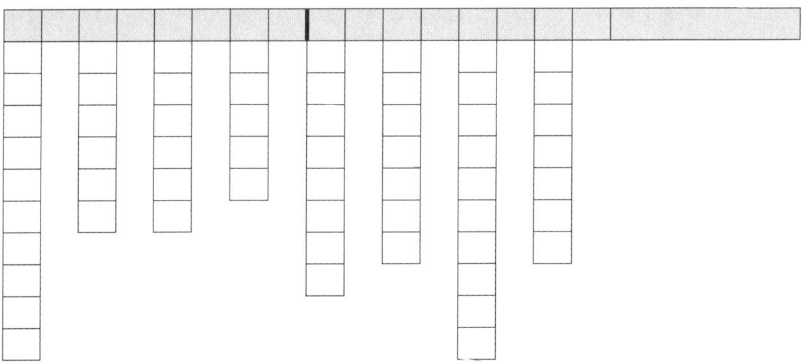

K 22 Das Partizip 4: adverbialer Gebrauch 2

1. **Übersetze:** Orpheus arte sua homines delectans et bestias feras domans magnam calamitatem vitare non potuit. Multos amicos et Hymenaeum deum convocaverat diem nuptiarum (*nuptiae, -arum* die Hochzeit) suarum ex-ornare volens. Is deus vultum laetum et omen felix praebens (de)monstrat vitam futuram (zukünftig) coniugibus plenam felicitatis (*felicitas, -atis* Subst. zu felix) esse. Sed omina aut a deo praebita aut in nuptiis visa perniciosa (*perniciosus, -a, -um* Unheil bringend) erant; Orpheus deum omni modo orans animum eius movere non potuit: Uxorem toto corde amatam inferi vita spoliaverunt eamque semper loco tristi (*tristis, -e* hier: schrecklich) retinuerunt.

2. **Bilde eine Formenschlange mit Partizipien und Infinitiven:**
dubitare ⇒ PPA ⇒ Inf. Perf. Akt. ⇒ movere ⇒ PPP ⇒ PPA ⇒ ridere ⇒ Inf. Perf. Akt. ⇒ PPP ⇒ augere ⇒ PPA ⇒ Inf. Präs. Pass. ⇒ videre ⇒ PPP ⇒ PPA

3. **Unterscheide und bestimme:** docuerunt – doctis – doceris – docueris – doceberis – misceri – miscui – miscebuntur – mixti – respondeo – responso – respondi – responde – respondent – respondenti – responderi

4. Ordne die Begriffe einander richtig zu !

Partizip	Gleichzeitigkeit
attributiver Gebrauch	gibt eine Bedingung an („falls“)
Partizip Präsens	Verwendung als Beifügung
modale Sinnrichtung	Vorzeitigkeit
Partizip Perfekt	gibt Art und Weise an („indem“)
konditionale Sinnrichtung	Mittelwort
konzessive Sinnrichtung	bezeichnet eine Einräumung („obwohl“)

K 23 Das Partizip 5: Zusammenfassende Übungen

1. **Übersetze:** Orpheus – sciens fortunam hominum ex deis pendere – putavit se iterum atque iterum homines arte sua delectantem calamitatem inimicam (hier adjektivisch: feindselig, unheilvoll) non meruisse. Sed etiam censuit se Plutonem, dominum umbrarum, adeuntem fortunam Eurydicae, uxoris suae, mutare posse. Et profecto (in der Tat) rex inferorum unam condicionem ponens Orpheum cum uxore sua ex inferis in mundum redire sivit. Sed metu commotus illam condicionem omittens (*omittere* außer Acht lassen) Orpheus solus (allein) in patriam redire debuit.

2. **<u>Übersetze und löse die Partizipien sinnrichtig auf; achte dabei auch auf das Zeitverhältnis!</u>**
Orpheus omnes homines deosque cantu delectans
magna calamitate vexatus est.
toto mundo magnam gloriam sibi parabit.
postea magnam gloriam sibi paravit.

3. **<u>Übersetze und löse die Partizipien sinnrichtig auf; achte dabei auch auf das Zeitverhältnis!</u>**
Orpheus viam periculorum plenam ad inferos iniit
magna calamitate vexatus.
amorem uxoris longe maxime desiderans.
magna spe completus.
Plutonem, dominum umbrarum, non amans.

4. **<u>Ordne die Satzteile sinnvoll einander zu (es gibt mehrere Möglichkeiten)! Übersetze dann die vollständigen Sätze und mache dir die Unterschiede klar!</u>**

Orpheus Plutonem cantu movens	vitam uxoris recuperabit (recuperare zurückgewinnen).
Orpheus magna spe completus	vitam uxoris non recuperavit.
Orpheus condicioni Plutonis parens	magnam spem habuit.
Orpheus condicioni Plutonis paruit	magnam spem habens
Orpheus viam ad inferos iniit	vitam uxoris recuperare volens

5. **<u>Ordne die Konjunktionen den Sinnrichtungen zu!</u>**

konditional	obwohl, obgleich
konzessiv	weil, da
kausal	wobei, indem
temporal	falls, wenn
modal	nachdem, als, während

K 24 ī-Konjugation: v-Perfekt

1. **<u>Übersetze:</u>** Antiquis temporibus paucae urbes in Graecia sitae ingentibus muris munitae erant. Saeculo a. Chr. n. duodecimo natio fera aliis crudelitate (Subst. zu crudelis,-e) longe praestans terram expugnavit a Graecis vix (kaum) impedita. Incolae hostibus, qui venerant, quod sibi alias sedes parare volebant, oboedire et servire debuerunt, nam sciebant se ex imperio dominorum novorum expedire non posse. Itaque inimicitiae (*inimicitae, -arum* die Feindschaft[en]) sepultae, bella finita sunt: Nova gens nata erat.

2. **<u>Ersetze die Formen von *parere* durch die entsprechenden von *oboedire*, von *liberare* durch die von *expedire* und von *censere* durch die von *scire*:</u>**
paruerunt – parebo – parebamus – parent – parueras – liberabantur – liberavisti –

liberavero – liberaris – liberabis – censent – censuit – censebatis – censueramus – censentes

3. **Bilde die Tempusreihe zu folgenden Verbformen (Präs.→Imperf.→Fut.I→ Perf.→Plusqupf.→Fut.II):**
   a) im Aktiv: finis – servitis – audiunt
   b) im Passiv: sepelitur – impedimur

4. **Setze folgende Verbalformen in den Singular bzw. Plural und übersetze sie dann!** exaudivit – munitum est – scivistis – finieris – muniveris – sepeliebatur – expediam – auditus eras – serviveras – finimur

5. **Wer findet die zehn lateinischen Verbalformen, die sich in diesem Buchstabensalat verbergen?**
   Als Hilfe findest du hier die deutschen Übersetzungen: du wirst bestatten – er wird erhört – du hast gedient – sie hatten gewusst – ich werde hören – es wurde beendet – sie wird befestigt werden – sie haben gehört – du wirst frei machen – du wirst gehindert – wir haben nicht gewusst – du gehorchst (Fut II.)

O	R	S	D	F	I	N	E	B	A	T	U	R	X	P
B	B	L	H	G	M	T	W	Y	N	Q	S	L	E	A
W	S	O	A	R	P	T	W	E	A	E	E	D	X	U
I	H	U	E	U	E	P	S	B	R	E	P	X	A	D
A	C	B	X	D	D	C	A	V	A	X	E	V	U	I
V	H	I	S	Q	I	I	I	Y	C	P	L	E	D	V
R	T	M	N	V	R	V	A	T	Q	E	I	V	I	E
B	A	S	I	W	I	E	E	M	T	D	E	R	T	R
Q	U	M	A	S	S	H	F	R	E	I	S	E	U	U
X	U	B	T	I	O	M	U	N	I	E	T	U	R	N
S	C	I	V	E	R	A	N	T	O	S	P	S	A	T

K 25 ī-Konjugation: u-Perfekt, s-Perfekt, Dehnungsperfekt, Reduplikationsperfekt

1. **Übersetze:** In Graecia multas civitates parvas evenisse comperimus, in quibus numerus civium undique (von allen Seiten) convenientium valde auctus est. Itaque ex (seit) anno a. Chr. n. septingentesimo quinquagesimo multi cives e patria exierunt in animo habentes novas sedes aliis locis reperire. Omnes consentiunt Graecos eo modo in alienas regiones et partes orbis terrarum remotas pervenisse. Initio (anfangs) civitates inter se consentientes regibus oboediverant, sed postea nobiles coniuratione imperium regis aut interdum tyranni imperium nobilium inter se dissentientium finiverunt.

2. **Setze folgende Verbalformen in das Aktiv:** reperti estis – apertum esse – consensum est – inventus ero – comperti sunt – sensi erunt – operti eramus – repertus sum

3. **Setze die Formen der Übung 2 zuerst in die entsprechende Form des Präsensstamms, dann ins Aktiv!**

4. **Ersetze die Formen von *ire* durch die entsprechenden von *venire*, von *putare* durch die von *sentire* und von *velle* durch die von *aperire*:** istis – ibunt – ierint – ibamus – ieras – putabimus – putavisti – putavisse – putant – putatum – voluerunt – vultis – volens – voluerat – volemus

5. **Wo steckt das Kuckucksei?**
   a) adveniunt – convenisti – evenit – invenerat – pervenio
   b) comperit – pervenit – comperimus – convenimus – repperit
   c) salueris – sensistis – aperueratis – reperiris – venis
   d) desilientis – comperitis – ventum – repperisse – sensis

K 26 3. Konjugation: v-Perfekt

1. **Übersetze:** Multi Graeci inopia moti decreverant extra patriam alias sedes quaerere imprimisque litus (*litus, -oris* die Küste) Asiae petere nova oppida collocare (*collocare* errichten, gründen) volentes. Cives earum urbium se ab aliis discernentes, quod incolas libertatem expetere siverunt, alieno tyranno oboedire noluerunt. Sed Persae imperium suum augere non desinentes milites arcessitos conquisiverunt et vi et armis urbes Graecorum ad litus Asiae sitas expugnaverunt. Eae a patriae Graecis auxilium petentes et acquirentes in (nur für) breve tempus libertatem repetere potuerunt.

2. **Bilde die Tempusreihe zu folgenden Verbformen (Präs.→Imperf.→Fut.I→ Perf.→Plusqupf.→Fut.II):** petis – quaerimus – decerno – sinunt – discernitur – arcesseris

3. **Ersetze die Formen von *studere* durch die entsprechenden von *petere*, von *rogare* durch die von *quaerere* und von *finire* durch die von *desinere*:** studuimus – studuisse – studebitis – studetis – studueritis – rogabo – rogaveram – rogantes – rogabantur – rogavisti – finiverunt – finient – finiris – finiveris – finiri

4. **Setze die in Übung 3 gewonnenen Formen in den Singular bzw. Plural!** (außer Infinitive)

5. **Ersetze die Fragezeichen und formuliere die Fragen zu folgendem Rätsel!**

							9 D		10 R		11 C
	1 A	R	C	8 E	S	S	I	V	E	R	O
				X			S		P		N
	7 C			P			C		E		Q
2 ?	E	?	?	E	?	?	R	?	T		U
	R			T			E		E		I
	N		6 D	I	U		V		B		R
3 ?	I	?	E	S			I		A		E
			S				S		T		N
4 D	E	S	I	I	M	U	S		U		T
			N				E		R		U
5 Q	U	A	E	R	A	M					R

waagrecht:
1 ....
2 ..... hatte ....
3 ....
4 ....
5 ....
6 ....

senkrecht:
..6 ....
7 ....
8 ....
9 ....
10 ....
11 ....

K 27 3. Konjugation: u-Perfekt

1. **Übersetze:** Scimus temporibus antiquis multos Graeciae cives patriam suam deseruisse et loco idoneo novas sedes petivisse. Homines eas urbes incolentes non solum (nicht nur) officia sibi imposita expleverunt et agros coluerunt, qui omnia ad liberam vitam necessaria (*necessarius, -a, -um* notwendig) bona genuerunt, sed etiam fundamenta (die Grundlagen) artium et litterarum posuerunt, imprimis philosophiae (!). Viri docti res miras (*mirus, -a, -um* wunderbar, sonderbar) naturae (!) stupentes (*stupere + Akk.* staunen über) et cernentes alias res gigni, alias perire et sentientes deos mortalibus consulere causas omnium rerum disseruerunt deque eis libros composuerunt: philosophia (!) inventa erat.

2. **Setze folgende Verbformen a) in die entsprechenden Formen des Perfektstamms (Präs. ↔ Perf.; Imperf. ↔ Plusqupf.; Fut. I ↔ Fut. II) und dann in den Plural; b) in das Passiv und dann in den Plural:** alis – colam – consulebat – gignit – pones – sero – incolebas – disponis – deseret – proponebam

3. **Setze folgende Verbformen a) in den Singular bzw. Plural; b) in die entsprechenden Formen des Präsensstamms (Perf. → Präs.; Plusqupf. → Imperf.; Fut. II → Fut. I) und übersetze jeweils ins Deutsche:** imposueris – desertus es – coluistis – posueratis – genuit – compositi (2) – serui – consuleramus – propositi sunt – aluero

4. **Bilde von folgenden Verben Partizip Präsens Aktiv und Perfekt Passiv:** colere – gignere – ponere – serere – consulere – petere – sinere – quaerere – decernere – arcessere

5. **Fülle die Lücken aus!**

al.........
.........etur
desere.........
consulu.........
..........bantur
.........erunt
posu.........
.........o
.........eratis
.... est

...................ernährst
...................abgelegt ....?.......
er ....lassen
du hast ....
...................verfasst
...................hervorgebracht
...................zu haben
...................pflege
...................(euch) vorgenommen
es erzeugt..................

K 28 Adverbial gebrauchtes Partizip: Übersetzungsmöglichkeiten 1

1. **Übersetze:** Philosophi iterum atque iterum multa specie (scheinbar) non ad vitam hominum pertinentia docentes saepe magno in honore non erant. Cives aut ea, quae viri docti disseruerant, non intellegentes (*intellegere* verstehen, einsehen) aut putantes ea studia esse artem in-utilem philosophos irriserunt. Etiam Thaleti (Dat.) crimini dederunt, quod (dass) philosophia et litteris adiutus se alere non posset (er könne). Et a multis irrisus philosophus postea (de)monstravit artem suam sibi (ihm) eventus (*eventus, -us* das Ereignis) futuros providenti aut praedicenti (*praedicere* vorhersagen) multum prodesse.

2. **Wandle das deutsche Satzgefüge (Unterordnung) in eine Satzreihe (Beiordnung) um!**
Weil / Dadurch dass Milet von vielen kulturellen Einflüssen geprägt worden war, wurde es zur Geburtsstadt der Philosophie. – Obwohl / Da Thales wegen seines „nutzlosen" Philosophierens von den Bürgern verlacht worden war, bewies er ihnen das Gegenteil, indem er sich großen Reichtum erwarb. – Als Thales den Himmel beobachtete, fiel er in einen Brunnen. – Thales betrachtete die Sterne, ohne auf den Weg zu achten. – Nachdem das Mädchen Thales aus dem

Brunnen geholfen hatte, verlachte es ihn. – Da Thales eine Sonnenfinsternis richtig vorhergesagt hatte, erregte er bei allen große Bewunderung.

3. **Überlege bei folgendem lateinischen Satz, welche Sinnrichtungen möglich sind und übersetze durch Beiordnung:**
Thales defectionem (*defectio, -onis* hier: Finsternis) solis providens demonstravit (beweisen) philosophiam utilem esse.

4. **Übersetze die Übungen 2 und 3 aus Kapitel 23 mit Beiordnung!**

5. **Ergänze die Tabelle!**

Sinnrichtung	Unterordnung	Beiordnung
konditional		(!)
	nachdem	
		dennoch, trotzdem
	als	(2)
		deshalb
	dadurch dass	
(2)	wenn	(!)
	da	

K 29 Adverbial gebrauchtes Partizip: Übersetzungsmöglichkeiten 2

1. **Übersetze:** *Vom gescheiterten Schüler über den Sport zum Tyrann*
Chaero (Nom.) ex urbe Pellena in Peloponneso sita Athenas (nach Athen) venit et a Platone philosopho docebatur. Sed adulescenti litteris studenti industria deerat. A magistro saepe monitus disciplinam (*disciplia, -ae* der Unterricht) non iam sustinuit et consilia sua vertit: Robora exercens pugillationibus (*pugillatio, -onis* der Faustkampf) interfuit et victorias Olympiacas reportavit. Tanta gloria ornatus in patriam rediit. Tyrannus (zum Tyrannen) nominatus vim et crudelitatem suam demonstravit: Cives resistentes (*resistere* widerstehen, Widerstand leisten) in servitutem ducebantur; nobiles fortunis spoliati fugerunt aut gladio necati sunt.

2. **Gib in den folgenden Sätzen die Partizipien durch Präpostionalausdruck wieder:**
De patria merentes honorem habebitis.
Graeci dolum adhibentes Troiam deleverunt.
Amicus praeteriens me admonuit.
Consules in publicum prodeuntes a populo salutantur (salutare grüßen).
Rex sepultus ut (wie) deus colebatur.
Quis imaginem remotam alicubi (irgendwo) vidit?

3. **Bilde von den aufgeführten Verben die verlangte Partizipform und übersetze sie:**

ardere	PPA	Gen. Sg. m.
censere	PPA	Akk. Pl. f.
videre	PPP	Nom. Sg. n.
excellere	PPA	Nom. Pl. m.
desiderare	PPP	Nom. Pl. n.
scire	PPA	Dat. Pl. m.
reperire	PPP	Akk. Sg. f.
adire	PPA	Dat. Sg. f.
patere	PPA	Nom. Sg. n.

4. **Wer war´s?**

Er war „Tyrann" von Korinth und einer der sieben Weisen?

■ □ □ □ □ □ □ □ □

Friedrich Schiller, Der Ring des ??? („Er stand auf seines Daches Zinnen,/ Er schaute mit vergnügten Sinnen/ auf das beherrschte Samos hin...")

□ □ ■ □ □ □ □ □ □ □

Er machte über den Kampfsport Karriere in seiner Heimatstadt Pellene.

□ □ ■ □ □ □

Diesem „Tyrannen" verdankten Athen und die Akropolis ihre prächtige Ausstattung.

□ □ □ □ □ ■ □ □ □ □ □

Er verdeutlichte das Los eines Tyrannen durch das Damoklesschwert.

□ □ ■ □ □ □ □ □ □

Die gekennzeichneten Buchstaben ergeben den Namen eines griechischen Philosophen, der viel über den gerechten Staat und die ungerechte Tyrannis nachgedacht hat.

K 30 Ablativ mit Partizip

1. **Übersetze:** *Die Perser werden unter Kyros (um 500 v.Chr.) eine Weltmacht*

Cyrus, rex Persarum, populo convocato rogavit: „Persae, gentibus finitimis (*finitimus,-a,-um* benachbart) domitis totam Asiam occupabimus. Hostibus superatis vitam sine curis vobis proponam. Quis vestrum metu deposito me adiuvabit?" Omnibus consentientibus Cyrus equos, gladios, alia arma conquisivit et militibus armatis bellum paravit. Paucis annis praeteritis imperium Persarum usque ad mare Aegaeum pertinebat.

2. **Übersetze folgende Ablative mit Partizip zuerst mit einer Unterordnung (Nebensatz), dann mit einer Beiordnung und einem Präpositionalausdruck!**

a) Piratis multatis mare tutum erat (*tutus,-a,-um* sicher). Periculo permanente nautae mare timebant.

b) Divitiis auctis Athenienses urbem artificiis exornaverunt. Bello instante etiam classem paraverunt.

c) Periculo imminente incolae oppidum muniverant. Oppido munito hostes prohiberi poterant.

d) Laocoonte nolente Troiani equum in arcem moverunt. Equo in forum transportato (!) Troiani quieti se dederunt.

3. **Ergänze das richtige PPP und übersetze:**
Porta .... domum inimus. *(aperire)*
Quae arx dolo .... incensa est? *(adhibere)*
Victoria .... milites in aciem ierunt. *(proponere)*
Hostibus .... pericula non iam instabant. *(domare)*
Vino .... cena incipit. (incipere anfangen, beginnen) *(miscere)*
Itinere .... Hannibal per Alpes in Italiam iit. *(expedire)*
Medico .... febris non desiit. *(arcessere)*

4. **Bilde durch Zuordnen die richtige PPP-Form:**
aper – cul – doc – fin – gen – hab – mo – mon – na – pet – pos – rap – sepul – ser – vet.

```
 \  |  /                 \  |  /
 - tus -           aud - itus -
 /  |  \                 /  |  \
```

K 31 Ablativ mit Prädikatsnomen 1

1. **Übersetze:** *Wie ging es nach den Siegen über die Perser weiter?*
Postquam Atheniensibus ducibus Persae superati sunt, Lacedaemonii et Athenienses de principatu (*principatus,-us* die Vorherrschaft) certaverunt. Hi Pericle auctore classem auxerunt et urbem muris longis muniverunt. Illi Archidamo rege Athenienses temptaverunt eorumque regionem vastaverunt.

2. **Übersetze:**
a) Mercurio comite Priamus ad castra Graecorum pervenit.
b) Cerbero custode Eurydica apud inferos retinebatur.
c) Aristotele magistro Alexander Magnus litteris studebat.
d) Te praetore in publicum prodii.
e) Pilato procuratore (procurator,-oris der Statthalter) Iesus Christus iudicatus est.
f) Scipione consule Romani metu Hannibalis liberati sunt.

3. **Setze folgende Formen ins Passiv und übersetze sie dann:** occupavit – multabis – iactaverant – armabatis – demonstrat – providerit

4. **Dekliniere:** vultus ferus – servitus futurus – unus (duo) gladius

5. **Bringe die folgenden Angaben in die richtige Reihenfolge und übersetze sie; verwende dazu das Eigennamenverzeichnis von Auspicia I und II!**
Die Anfangsbuchstaben ergeben dann das lateinische Wort für: *Geschichte*:
Augusto imperatore
Helena rapta (v.rapere)
Ilio deleto

Iunio Bruto consule
Olympiade regina
Romulo rege
Solone auctore
Themistocle duce

K 32 Ablativ mit Prädikatsnomen 2

1. **Übersetze:** *Der Bruderkrieg zwischen Athen und Sparta*
Lacedaemoniis insciis Athenienses bellum parare voluerunt. Sed ea consilia non latebant. Lacedaemoniis enim invitis Athenienses multa foedera sanxerant, quibus vires suas augebant. Tantam potentiam (*potentia, -ae* die Macht) timentes Lacedaemonii Atheniensibus inopinantibus in Atticam incursaverunt et terram vastaverunt; Athenienses autem classem expediverunt, quam Pericle auctore aedificaverant. Hoc vivo Athenienses plerumque (meistens) salvis corporibus e proeliis exibant. Pericle autem mortuo neque Lacedaemonios neque socios (*socius,-i* der Verbündete) eorum vicerunt.

2. **Übersetze folgende Ablative mit Prädikatsnomen:** regina viva – artifice inscio – exercitu invito – facie integra – inimicis mortuis – manibus salvis

3. **Unterscheide und übersetze:** invita – inviti – invito – invitas – invitatis – vitatis – invidi – nescii – nescivi – nesciam – nescis – nesciis – lateris – latueris – latera – latueram – salui – salis – salvis – salus – salvus

4. **Unterscheide folgende Konjunktionenpaare:**
Mihi neque providisti neque nocuisti.
Rem et disseruimus et decrevimus.
Aut desiluit aut remansit.
et pocula et cornua (vgl. Abb. K 21)
neque facies neque manus neque pedes

5. **Übersetze:** Troiani inopinantes equum in arcem moverant. Incolis insciis hostes in ventre latentes Troiam inierant. Nocte exierunt et Troianis exitum (exitus,-us der Untergang) paraverunt. Quis corpore salvo in Italiam fugere potuit?

6. **Wer war´s?**
a) His duobus consentientibus Orpheo licuit Eurydicam ad lucem ducere.
b) Eo invito Paris Helenam rapuit.
c) Eo rege pax in Creta insula erat.
d) Eo tyranno Athenae auctae sunt.
e) Hoc oppido aucto Periandrus sapiens habetur.
f) Eo petente Dionysius sortem tyranni demonstravit.
g) Gaio _____ Caesar adamato (*adamare* liebgewinnen) Cleopatra regnum Aegyptiorum conciliavit (conciliare gewinnen)

Aus jeweils dem fünften Buchstaben (lateinischer Nominativ) ergibt sich als Lösungswort die Bezeichnung für die zwei höchsten Beamten in Rom.

K 33 3. Konjugation: s-Perfekt 1

1. **Übersetze:** *Arroganz gegenüber anderen Völkern kann böse Folgen haben; dies haben die Griechen um 350 v. Chr. bitter erfahren.*
Diu Graeci Macedones, quos barbaros putabant, illuserant et contempserant eisque interdixerant Olympicis ludis interesse. Tanta arrogantia (*arrogantia, -ae* die Anmaßung, Überheblichkeit) laesi Macedones a Graecis ultionem petebant (*ultionem petere a(b)* = Rache nehmen wollen an). Ludis Olympicis exclusi (exclausi) novum cultum (*cultus, -us* das Götterfest, de Kult) in honorem Iovis paraverunt, qui ceteris cultibus Graeciae praestabat: Dione (*Dione* in Dion, Ort am Olymp) optimi adulescentes Macedonum ludebant, robora exercebant, cursu certabant. Philippus rex, qui exercitum firmum armaverat, postea Graecis bellum indixit, eorum copias cinxit, victorias reportavit. Omnibus civitatibus servitutem duram imposuit.

2. **Was bedeutet die Vorsilbe in- ? Unterscheide zwei Gruppen:**
illudere – indicere – includere (< in-claudere) – inopinans – inscius – incursare – iniuria – incolere – imponere – inire

3. **Setze folgende Formen ins Passiv und übersetze:** clauserat – laedes – indixerunt – illusero – contemnebatis – cingimus

4. **Übersetze folgende Ablative mit Partizip durch eine Unterordnung:** arce cincta – portis clausis – facie laesa – die indicta – artifice ludente – pauperibus contemptis - populo illudente

5. **Trage in die Kästchen waagrecht die Helden des trojanischen Krieges ein. In einer senkrechten Reihe verbirgt sich der Lieblingsdichter von Alexander dem Großen:**

   a) Sein Grabmal besuchte Alexander
   b) Er wurde von 1. getötet.
   c) Er war der Anführer der Griechen
   d) Er, der älteste Kämpfer, stammt aus Pylos
   e) Er war der beste Freund von 1.

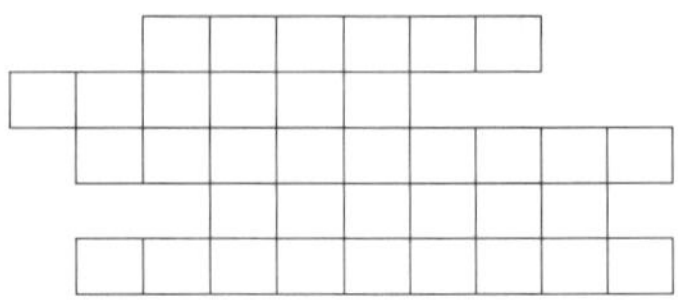

K 34 3. Konjugation: s-Perfekt 2

1. **Übersetze:** *Alexanders Perserfeldzug wird von den Bewohnern Kleinasiens (Asia) unterschiedlich aufgenommen.*
Alexander exercitum, quem Hellespontum traduxerat, ad Sardem urbem aliaque oppida Asiae adduxerat. Alii eum dicebant liberatorem (!), qui Graecos e servitute Persarum eduxit, alii Macedones contemnentes ab oratoribus inducti sunt:

"Claudite portas et producite copias contra Alexandrum." Eorum oppidis cinctis et deletis Alexander milites suos ex Asia in Aegyptum deduxit. Exercitu ex ea terra reducto Alexander copias contra regem Persarum duxit.

2. **<u>Bilde die entsprechende Form des Perfektstammes und übersetze sie:</u>**
adducemus – inducebar – reducis – educere – traducentur – deducitur – producimus

3. **<u>Übersetze in den folgenden Sätzen das Partizip auf drei verschiedene Arten (Unterordnung, Beiordnung, Präpositionalausdruck):</u>**
Comitibus deductis Alexander solus oraculum adiit.
A Iove inductus Alexander exercitum in Persiam duxit.

4. **<u>Von Makedonien nach Ägypten:</u>**

<u>Trage der Reihe nach (von oben nach unten bzw. von links nach rechts) folgende Städte des Alexanderzuges ein:</u>

Die markierten Kästchen ergeben den alten Namen des Ortes, an welchem Alexander dem Achill ein Opfer darbrachte.

T
□
□
□
□
□
□
□
□
□
□
E □□□□□ S
□
□
□
□
M □□□□□ S
□
□
□
□
□
S □□ A
□
□
□
N

Hauptstadt Makedoniens (ab 315 v. Chr.)

Stadt mit einem berühmten Artemistempel

Sitz des persischen Statthalters

Heimat des Thales

ägyptische Königsstadt

Oase mit einem Orakel

Beiname des ägyptischen Zeus, Herr des Orakels in der Oase

5. **<u>Schreibe die Stammformenreihe (mit deutscher Bedeutung) folgender Komposita auf.</u>** Beachte bei einigen Zusammensetzungen die nötigen Anpassungen!

	iuvare
	quaerere
	cendere
ad +	monere
	ducere
	petere
	ire

	ire	
	petere	
	spondere	
re +	tenere	
	manere	
	ducere	
	stare	

	ducere	
	petere	
	spectare	
ex +	ire	
	ponere (!)	
	cellere	

K 35 3. Konjugation: s-Perfekt 3

1. **<u>Übersetze:</u>** *Über das Geheimnis des gordischen Knotens*
   Telmessum (nach Telmessus), quod erat caput Phrygiae, olim Gordius agricola currum (*currus,-us* Ochsenkarren) produxit. Subito aquila (*aquila, ae* Adler) advolavit neque a curru cessit. Simul (gleichzeitig) in oppido rex e vita discesserat. Sacerdos in foro incedens civibus indixit: „Excedite Telmesso (aus Telmessus)! Iuppiter ipse (=selbst) vobis omine successorem (!) monstrabit." Populo excedente Gordius cum aquila, ave Iovis sacra, accessit. Cives eum in oppidum induxerunt eique regnum (*regnum,-i* die Königswürde) concesserunt. Gordius, rex novus Phrygiae, currum in templum poni et fune (*funis,-is* das Seil) firmo cingi iussit. Gordio mortuo Midas successit.

2. **<u>Bestimme folgende Formen und übersetze sie anschließend:</u>** incedunt – excedebas – processimus – succedes – concessum est – accesseratis – discedite – concessero

3. **<u>Bilde folgende Formen und übersetze sie:</u>**
   incedere ⇒ Part. Präs. Nom. Pl.
   succedere ⇒ 2. Sg. Präs. Akt.
   accedere ⇒ Infinitiv Perf.
   discedere ⇒ 2. Pl. Fut. Akt.
   concedere ⇒ 3. Sg. Imperf. Pas.
   excedere ⇒ 1. Pl. Fut. II. Akt.
   procedere ⇒ 3. Pl. Plqupf. Akt.

4. **<u>Schreibe die Stammformenreihe (mit deutscher Bedeutung) folgender Komposita auf.</u>** (Beachte bei einigen Zusammensetzungen die nötigen Anpassungen!)

	serere	
dis +	rapere	
	ponere	
	cedere	

sub +	ire:
	tenere
	cedere

5. **Vom Hellespont nach Tarsos: Gib die Route des Alexanderzugs wieder, indem du mit Hilfe eines Geschichtsatlasses die Orte in der richtigen Reihenfolge einsetzt!** Dazwischen ist die Entfernung in Kilometern(Luftlinie) angegeben:

   Hellespont – 235 - □□□□□□ - 85 □□□□□□□ - 47 □□□□□□□ - 50 - □□□□□□□□□□□□□ - 318 - □□□□□ - 324 - □□□□□□□ - 72 -□□□□□□ - 540 – Tarsos

K 36 3. Konjugation: s-Perfekt 4

1. **Übersetze die Beschreibung der Abbildung von Auspicia II, K 36:**
   Constat poetas multa de Alexandro Magno finxisse. Eius res gestas etiam imagines demonstrant. Hoc opus tesselatum (opus tesselatum = das Mosaik) nos instruit de illa pugna, quae fuit anno a. Chr. n. trecentesimo tricesimo tertio. Macedones Persas invadunt, quorum acies a Dario rege instructa impetu hostium de-struitur (*destruere* vernichten). Equi in partes diversas (in verschiedene Richtungen) de-flectunt et discedunt. Alexander primo adversarium, cuius equus humi (am Boden) iacet, hasta (Lanze) trans-figit. Tum oculos in Darium figit, vitam eius exstinguere vult. Sed brevi Darius cedet et fuga salutem petet.

2. **Ersetze in 1. ab „Macedones Persas ..." alle Verben im Präsens durch die entsprechende Form des Perfekts.**
   Welche Wirkung erzielt das Präsens in dieser Schlachtschilderung?

3. **Unterscheide, bestimme und übersetze:** figis – fixis – fictis – fingitis – fingis – figitis – figi – fingi – fixi – ficti.

4. **Setze folgende Sätze ins Aktiv und übersetzte sie dann:**
   (Beispiel: Portae a custodibus clausae sunt. ⇒ Custodes portas clauserunt.)
   A magistro instruemur. Res gestae a scriptoribus fictae erant. Sitis vino exstincta est. Arbores vento flectuntur. Hae res a sacerdotibus gerebantur. Tropaeum (*tropaeum,-i* = das Siegeszeichen) ab imperatore fixum erit.

5. **Erbaue den Turm von Babel!**

□	Zahlenzeichen für 1000
□□□	..... gestae = die Taten
□□□□□	erdichte!
□□□□□□□	ich bin herangerückt
□□□□□□□□□	der Herausgeführten
□□□□□□□□□□□	der Eindringenden
□□□□□□□□□□|□□□	Alexander ab Aristotele ..... (Perfekt)
□□□□□□□□□|□□□□□□	König der Makedonen (mit Beinamen)
□□□|□□□□□□□□□□|□□□□	Er war König genannt worden

Das Lösungswort ergibt das unheilvolle Orakelwort, welches dem König Belsazar von Babylon im Buch Daniel (5,25) des Alten Testamentes erscheinen ist (c = k).

K 37 3. Konjugation: s-Perfekt 5

1. **Übersetze:** *Alexander vertraut seinem Leibarzt Philippus*
   Aliquando Alexander morbo gravi laborabat. Medici capitibus demissis regem circumstantes medicinam nesciebant. Tandem Philippus, medicus et amicus Alexandri, potum (*potus,-us* der Trank) paravit. Subito nuntius advenit et admissus Alexandro has litteras dedit: „Cave Philippum medicum! Huic Darius ingentes divitias promisit, si vitam tuam exstinguet. Dimitte hunc medicum indignum, nisi (wenn nicht) vitam amittere vis.“ Rex autem eas minas (*minae,-arum* die Drohungen) omittens litteras Philippo commisit, et dum medico legere (lesen) permittit, Alexander medicinam hausit (*haurire, haurio, hausi* trinken). Tanta erat fides regis. Brevi rex febri remittente se salvum sensit.

2. **Übersetze folgende Ablative mit Partizip zuerst mit einem Nebensatz, dann mit einem Präpositionalausdruck:** navibus amissis – teste admisso – sacerdote permittente – custodibus dimissis – foedere commisso – victore promittente – spe omissa – viribus remittentibus

3. **Übersetze folgende Formen und jag den Kuckuck aus dem Nest:**
   misero – miseris – miseras – miseram – miseri

4. **Setze folgende Singularformen in den Plural und umgekehrt und übersetze die Umformungen:** permittemus – demiserit – admittimini – miserimus – omittemini – remittar – dimisi erimus.

5. **Teste deine romanischen Sprachkenntnisse, vervollständige die Tabelle!**

Latein			permittere	promittere
Italienisch	comettere		permettere	
Französisch		omettre		promettre
Rumänisch	a comite	a omite		
Spanisch	cometer	omitir	permitir	prometer
Englisch			to permit	to promise
Deutsch	begehen	übergehen		

K 38 3. Konjugation: s-Perfekt 6

1. **Übersetze:** Alexander postquam ad Hyphasim flumen pervenit, naves iunxit. Exercitum enim traducere regnumque Indorum (Indi,-orum) opprimere in animo habuit. Milites autem morbis aliaque inopia pressi animos demittebant neque erigi poterant. His rebus motus Alexander iter non perrexit, sed reditum (reditus,-us die Rückkehr) in Persiam rexit.

2. **Bestimme und übersetze:** regi (2x) – regno – correxerat – erigam – pergetis – opprimebantur – pressi (2x) iunxerit

3. **Setze ins Aktiv und übersetze:** coniuncti eratis – corrigetur – erigor – iungebamini – pressus es – oppressi eritis – pergitur.

4. **Übersetze die folgenden AcI und bestimme jeweils den Infinitiv:**
Scimus Oceanum (Oceanus,-i der Ozean) Indiam et Africam cingere.
Persiam ab Alexandro oppressam esse.
milites erigi non potuisse.
Alexandrum consilia sua correxisse neque expeditionem (!) perrexisse
Graecos cum Persidibus (*Persis,-idis* die Perserin) coniunctos esse.

5. **Löse folgendes Silbenrätsel!**

bas - con - cor - e - ge - ge - ge - gi - gi - gi - iun - lis - men - mus - na - nis - op - per - per - po - pre - pres - re - re - re - re - reg - ri - se - si - tes - tis - xi

du fuhrst fort – ich habe verbessert – die drückenden – ich habe unterdrückt – leite! – die Königreiche – wir werden aufrichten – ihr verbindet – den Königinnen – geleitet zu werden. Aus den übrig gebliebenen Silben lässt sich eine Residenzstadt der persischen Könige bilden.

K 39 3. Konjugation: s-Perfekt 7

1. **Übersetze:** Scriptores veteres multa de vita moribusque Indorum (*Indi,-orum* die Inder) scripserunt. Natio Indorum divisa est in quattuor genera, quae „colores" inscribuntur; nam colore vestimentorum (*vestimentum,-i* das Kleid) discerni possunt. Haec genera segregatim (getrennt) vivunt neque matrimoniis (*matrimonium,-i* die Eheschließung) aut alia consuetudine miscentur.
Mortuos urunt et pulverem, qui restat, in flumina spargunt. Animas (anima,-ae die Seele) putant non exstingui, sed post mortem novis corporibus circumdatas rursus in terra gigni.

2. **Bilde die verlangten Formen und übersetze sie:** scribere : 2. Sg. Perf. Akt. – conscribere : 3. Sg. Fut. Akt. – dividere : Imperativ Präsens – spargere – 1. Sg. Plqupf. Akt. – vivere : Part. Präs. Nom. Pl. – urere : 3. Pl.Perf. Pas.

3. **Vergleiche und übersetze:** diripit – discernite – dissentiens – disposui – dividimus – dimissi sunt – discesseratis – disserebas.
Was bedeutet die Vorsilbe dis- ?

4. **Übersetze und verwandle die lateinischen Relativsätze in Partizipialkonstruktionen:**
(Beispiel: Quis arbores, quas ventus flexit, eriget? Wer wird die Bäume, die der Wind gebogen hat, wieder aufrichten? arbores vento flexas)
Librum, quem Livius conscripsit, tibi mittam.
Galli, qui trans Rhenum vivebant, a Germanis opprimebantur.

Imperium Romanum, quod imperator Diocletianus diviserat, Constantinus rursus iunxit. Flores (*flos,-oris* die Blume), quos puellae sparserunt, templum ornant.

5. **<u>Löse folgendes Rätsel!</u>**

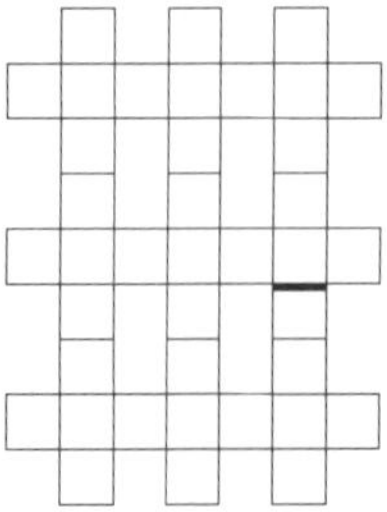

waagrecht: ich habe geschrieben – die Entlassenen – er hat geteilt
senkrecht: ihr habt gewusst – ihr habt gefürchtet – er wird verbrannt worden sein

K 40 Konjunktiv: Präsensstamm der Verben der ā-Konjugation

1. **<u>Übersetze:</u>** *Brudermord am Anfang der römischen Geschichte*
Auspicia (*auspicia,-orum* die Vogelschau, das Vogelorakel) demonstraverant Romulum consilio deorum regem Romanorum esse. Statim rex novus lapidem e lapide seruit, ut septem colles oppidi muro circumdaret. „Cives mei in oppido tuto habitent!" Remus, ut fratrem incitaret (*incitare* provozieren), Romulum illusit: „Si hostes oppidum tuum expugnare temptarent, hoc muro tam parvo non prohiberentur." Cum Remus murum facili saltu (*saltus,-us* der Sprung) superaret, Romulus ira motus respondit: „Omnes, qui fines huius oppidi iniuria transcendunt (*transcendere* übersteigen), necentur!" His verbis dictis Remum gladio transfixit.

2. **<u>Setze folgende Indikativformen in den Konjunktiv Präsens und überstze sie:</u>** adiuvamus – rogat – armatis – domaris – existimo – ignorant – optas – iactamini – servamur – multor.

3. **<u>Setze folgende Indikativformen in den Konjunktiv Imperfekt und übersetze sie:</u>** aestimabas – certabatis – habitabam – narrabatur – vitabantur – captabar – ambulabamus – dabas – errabat – iudicabant.

4. **<u>Sortiere nach Indikativ- und Konjunktivformen und übersetze sie:</u>** paretis(!) – desideraremus – praebentur – caremus – impletis – arceris – vacet – servemur – desperet – instes – meret – pugnes – vetent – docetur – licet – tenent – ardes – properem – superent – nocetis

5. **<u>Trage kreuzweise und diagonal folgende Namen ein:</u>** Bruder des Romulus, Fluss durch Rom (lat.), Stammvater von Romulus und Remus, erster Name der Mutter von Romulus und Remus (.... Silvia)

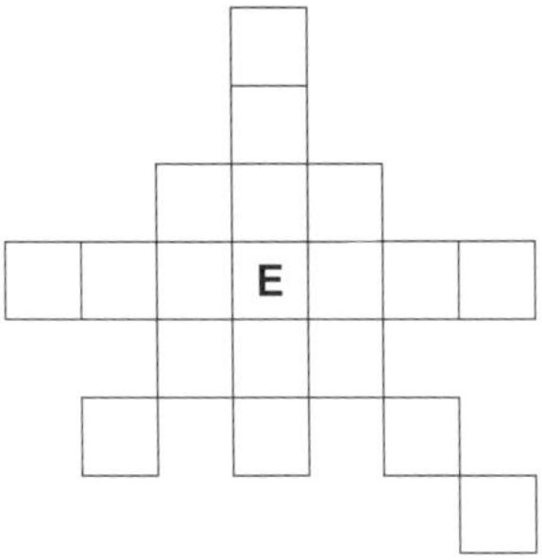

K 41 Konjunktiv: Präsensstamm der Verben der ē- und ī-Konjugation

1. **Übersetze:** *Roms Frauenmangel*
   Romulus imperavit, ut incolae oppidi novi in forum convenirent. Populo congregato (*congregare* versammeln) hanc orationem habuit: „Romani! Civitas nostra valeat! Vos omnes de patria nostra bene mereatis! Itaque moneo vos, ut saluti civitatis provideatis. Sed salus nostra brevi finiretur, si feminis et virginibus diu careremus, quae nobis nunc non sunt. Itaque studeamus, ut rationem (*hier:* Ausweg) reperiamus! Dolum adhibeamus, ut virgines nobis paremus!"

2. **Setze folgende Indikativformen in den Konjunktiv Präsens und übersetze sie:** censemus – taces – aperitur – obtinemus – audiuntur – scio – augent – evenit – venimus – iacent

3. **Setze folgende Indikativformen in den Konjunktiv Imperfekt und übersetze sie:** pendebas – terrebamini – impediebatur – serviebamus – iubebantur – invidebam – dolebatis – desiliebant – consentiebat – debes

4. **Bilde eine Tempusreihe!**
   Setze lateinisch und deutsch die angegebene Form in alle Zeiten und Modi des Präsensstammes (Aktiv und Passiv):
   Beispiel: mones : du mahnst – moneas : du mögest mahnen – monebas :du mahntest – moneres : du würdest mahnen – monebis : du wirst mahnen – moneris :du wirst gemahnt – monearis : du mögest gemahnt werden – monebaris : du wurdest gemahnt – monereris : du würdest gemahnt werden – moneberis : du wirst gemahnt werden;
   operiunt, prohibet, muto

5. **Griechische Wünsche (I). Ordne den Personen die richtigen Wünsche zu:**

Minotaurus		a) fructus sibi a Paride praebeatur.
Theseus		b) Troiani dolum Ulixis vitent.
Orpheus		c) Minotaurum necet.
Venus	optat,ut...	d) Troiam pulvere et lapidibus opertam repperiat.
Paris		e) coniugem e sedibus mortuorum servet.
Sacerdos Troianorum		f) virgines et iuvenes devoret (dev. verschlingen)
Henricus Schliemann		g) Helenam secum e Sparta in patriam portet.

K 42 Konjunktiv: Präsensstamm der Verben der 3. Konjugation

1. **Übersetze:** *Romulus´ Entrückung in den Himmel.*
Romulus cum ad mortem accederet, cupivit, ut ultimum (zum letzten Mal) cives suos appellaret erigeretque. Nuntii missi sunt, ut populum arcesserent. Postquam Romani in Campum Martium convenerunt, evenit, ut rex tempestatibus elevatus (*elevare* emporheben) ad deos duceretur. Cum thronus (!) vacaret, homines perterriti sunt nescientes, ubi rex sederet aut incederet. Caelo nubibus (*nubes,-is* die Wolke) operto vox Romuli audita est: „Quirites (Quiriten, eine ehrende Anrede des römischen Volkes)! Loca ab hostibus tuta incoletis, nisi superbi eritis. Virtute labores non contemnatis; magistratus iustitiā rem publicam regant! Deus Quirinus ero et semper studebo, ut vobis auxilium deorum mittam."

2. **Ergänze die folgenden Formen entsprechend und übersetze sie:**
adduc___mur (Konj. Imperf.) – consul___tis (Konj. Präs.) - fig___tur (Konj. Präs.) -perg___mus (Konj. Präs.) - traduc___ris (Konj. Imperf.) – dirip___ntur (Konj. Imperf.) – compon___s (Futur) – pet___nt (Konj. Präs.) – omitt___m (Konj. Präs.) – succed___m (Futur) cupi___t (Konj. Präs.) – viv___tis (Konj. Präs.) ur___mini (Konj. Imperf.)

3. **Bilde lateinisch und deutsch die Tempusreihe im Präsensstamm (vgl. K 41, 4) von:** instruimus – contemnis – rapio

4. **Achte auf die Übersetzung von ut!**
Wo kann man „dass" bzw. „damit" vermeiden?

a) Vicum muniverunt, ut tuti habitarent. b) Persuadeo vobis, ut illam occasionem omittatis. c) Signum dedimus, ut ab amicis servaremus. d) Tarquinius rex populum adeo oppressit, ut a civibus fugaretur. e) Magistratum ita gerite, ut cives vobis gratiam habeant! f) Oramus vos, ut nobis hospitium praebeatis. g) Tanta vi fluvii de montibus venerunt, ut etiam parvos colles secum raperent (rapere hier: reißen).

5. **Griechische Wünsche (II). Ordne den Personen die richtigen Wünsche zu:**

Daedalus		a) originem mundi sciat.
Pisistratus		b) e Creta evadat.
Thales		c) Damocli sortem tyrannorum demonstret.
Dionysius	optat,ut...	d) Persas opprimat.
Xerxes		e) Athenas expugnet.
Themistocles		f) tyrannus (als Tyrann.) Athenas regat.
Alexander Magnus		g) classem Persarum pugna navali(!) exstinguat.

K 43 3. Konjugation: émere

1. **<u>Übersetze:</u>** Olim Tanaquil, uxor Tarquinii, vinum in foro (*forum, -i* das Forum) emere voluit, ubi servum flammis coronatum (*coronatus, -a, -um* bekränzt) vidit. Statim servum, cuius nomen Servius erat, ab aliis hominibus diremit, magna pecunia redemit. Tum Tarquinium arcessi iussit. Ille libros Sybillinos prompsit rogans, quid signa flammarum monstrarent. Sed etiam Sybilla tam docta non erat, ut omnia consilia deorum sciret. Cum sacerdotes regis Tarquinium adducerent, ut puerum necaret, Tanaquil sacerdotibus libros dempsit et vetuit supplicium de Servio sumi, quod sciebat hunc postea regem Romanorum fore (*fore* er werde sein).

2. **<u>Setze folgende Verbalformen in die entsprechenden Formen des Perfektstammes und übersetze:</u>** demes – emis – redimebatur – sumo – consumunt – promebamus – vincemini – dirimitur.

3. **<u>Setze folgende Verbalformen in die entsprechenden Tempora des Präsensstrammes:</u>** emissent – dirempti erant – redemisti – dempsero – prompserunt – sumpseras – consumptum est – emisse – diremistis – redempti sunt – demptum est – prompsi.

4. **<u>Unterscheide folgende Formen und übersetze sie:</u>** emo – emi (2) – emis – emas – emes – redimis – redímĕris – redimĕ́ris – redimes – redimamus – redimamur - redimemus – sumi – sumpsi.

5. **<u>Löse folgendes Rätsel! Schreibe die einzelnen Verbalformen untereinander und verschiebe sie waagrecht so, dass sich in einer senkrechten Spalte eine Bezeichnung für Jesus Christus ergibt!</u>**

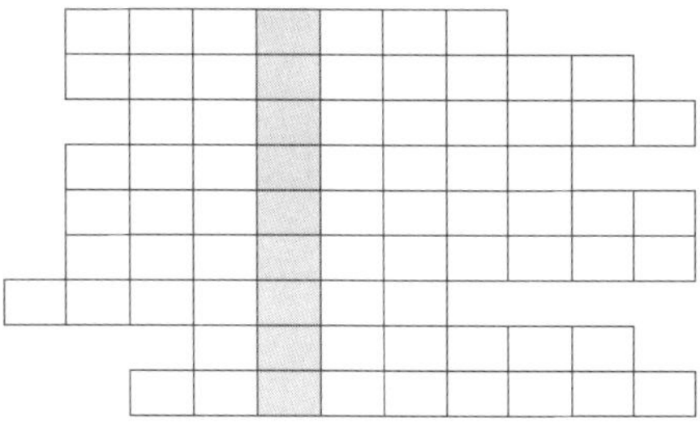

sie haben gekauft
getrennt zu haben
lasst uns loskaufen
sie nahmen
du hattest hervorgeholt
ihr habt genommen
sie werden gekauft
verbraucht zu werden
er hatte getrennt

3. Konjugation: légere

1. **Übersetze:** Mucius Scaevola adulescens nobilis ab omnibus dilectus erat. Postquam Horatius Cocles copias Romanorum servavit et magnum honorem sibi collegit, Mucius pericula neglegens in castra Porsennae venit, ut eum necaret et Romanos servitute Tuscorum (*Tusci, - orum* die Etrusker) liberaret. Mucius autem, quod Porsennam nesciebat, virum maxime ornatum elegit et incursavit. Sed non regem vulneravit (*vulnerare* verwunden), sed scribam (*scriba, ae* m der Schreiber) regis delegit putans eum regem esse. Porsenna autem intellexit virtutem Romanorum praeclaram esse.

2. **Bilde jeweils die 3. Person Indikativ Perfekt Aktiv zu den genannten Formen und trage sie in eine der beiden angegebenen Spalten ein:** diligit – intellegit – legit – colligit – neglegit – eligit – deligit.

Perfektform ohne x	Perfektform mit x

3. **Unterscheide, ob es sich bei den genannten Formen um ein Perfekt oder ein Präsens handelt:** deligunt – elegimus – eligimus – intellexisti – collegerunt – legisse – diligi – neglego – colligi - collegi.

4. **Setze folgende Formen des Präsensstammes in die entsprechenden Tempora des Perfektstammes und umgekehrt:** lēgi – dilecti essent – colligebas – deligimini – eligetis – diligitis - intellegeremus – neglegitis – legisti – dilígĕris – collegissent – delecti estis – eligeremur – dilexeramus – intellegere – neglexeras.

5. **Löse folgendes Zahlenrätsel!**

   1 4 2 4 3 4 5 8 7
   6 10 1 1 4 6 11 9 4 3 15 14 11
   12 4 1 9 2 15 5 8 7
   4 1 4 6 11 9 4 7 7 4 14 11
   12 9 1 4 13 4 3 9 14 11
   9 14 11 4 1 1 4 13 9 7 7 4
   14 4 2 1 4 6 11 9 4 3 9 11 9 7

   Es ergeben sich lateinische Verbalformen; übersetze sie! Der Buchstabe s kommt siebenmal vor. Die Buchstaben 11 8 7 6 9 ergeben einen italischen Volksstamm.

K 45 3. Konjugation: Dehnungsperfekt

1. **<u>Übersetze:</u>** Neminem fugit animos Romanorum numquam frangi potuisse. Olim autem non sine auxilio deorum hostes fuderunt et fugaverunt. Latini (die Latiner, ein etruskischer Volksstamm) ingentes copias coegerant, ut Romanos subigerent, qui primo hostes exegerunt, deinde autem multis vulneribus adducti Latinis cesserunt. Subito caelum se aperuit, Castor et Pollux, filii Iovis, in prima acie exercitus Romani consederunt, Romanos fugientes a fuga retinuerunt. Milites Romanorum ad virtutem redacti omnia egerunt, ut hostes funderent. Romanis consilium deorum peragentibus Latini tandem de pace egerunt.

2. **<u>Setze folgende Formen in die entsprechenden Tempora des Perfektstammes:</u>** agimus – peragebamus – redigebamini – exigis – subigent – coguntur – frangebatis – considimus – fundunt.

3. **<u>Übersetze folgende Sätze und beachte die Bedeutungsunterschiede bei den Verben:</u>** a) Romani Tarquinium Superbum exegerunt. – b) Ab hostibus victis fidem exegerunt. – c) Toto orbe terrarum artifices monumenta (*monumentum, -i* Denkmal) praeclara exegerunt. – d) Homines fructus coegerunt. – e) Caesar milites coegit.

4. **<u>Wirf den Kuckuck aus dem Nest!</u>**
   1. redegit – exegisti – peragis – coegerunt.
   2. eligitis – colligunt – intellegit – dileximus.
   3. dirimi – consumpsi – promi – vinci.
   4. emunt – traduxerunt – discesserunt – instruxerunt.

5. **Löse folgendes Silbenrätsel!**

   a – a – ac – ac – ac – am – as – ci – ci – con – con – de – de – dit – e – e – e – e – e - em – et – ex – ex - fe – fre - fu - fu - ga - ge - ge - ge - ge - ge - gra – ho - in - in - is - la - la - la - la - li - lux - ma - ma - ma - ma - ma - mi - na – nae - ni - ni - ni - ni - ni - ni – nos - o - pat - per - pol - red - ri - ro - ro - ro - ro - ro - rum - runt - runt - runt - runt -runt - se - si - si - sti - sub - sunt - sunt - sunt - ti - ti – ti - ti – ti - ti - ti - ti - um – um

   1. Die Latiner wurden vernichtend geschlagen. 2. Die Römer vertrieben und unterwarfen die Latiner. 3. Die Römer brachen die Schlachtreihe der Latiner. 4. Die Römer führten den Plan der Götter aus. 5. Pollux ließ sich in der Schlachtreihe der Römer nieder. 6. Die Latiner wurden in die Heimat zurückgetrieben. 7. Die Latiner wurden aus° Rom (Abl.) vertrieben. 8. Die Frauen sagten den Göttern Dank (Pl.).

K 46 Konjunktiv von esse und īre im Präsensstamm

1. **<u>Übersetze:</u>** Romulo mortuo populus postulavit, ut Numa Pompilius rex Romanorum esset. Itaque viri nobiles electi sunt, ut Numam adirent eumque Romam (nach Rom) arcesserent. Numa cum Romae (in Rom) esset, optavit, ut augures (*augur, -ris* m. der Augur, der Priester für die Vogelschau) oraculum adirent, quis rex idoneus esset. Sed Numa, quia vir honestus fuit, oravit: „Di nobis propitii (*propitius, -a, -um* gewogen) sint! Romani omnia pericula adeant! Omnes labores subeant! Dei nobiscum sint! Cum di irati sunt, mulieres templa eorum ineant eosque orent! Hostes cum Romam incursant, pereant! Romani semper fidi (fidus, -a, -um treu) sint!"

2. **<u>Bilde zu den Formen von *esse* die entsprechenden Konjunktive zu *ire* und umgekehrt:</u>** sim – ires – eant – essent – sit – iret – eam – essem – eas – simus – esset – iretis.

3. **<u>Übersetze und achte dabei auf die richtige Zeit bzw. den richtigen Modus im Deutschen!</u>**
   Opto, ut puellae abeant.
   ut falsi amici pereant.
   ut beatus sis.
   ut ad me redeas.
   ut mihi adsis.
   Optabam, ut consules in publicum prodirent.
   ut imperator provinciam obiret.
   ut filii tandem negotia obirent.
   ut homines iusti essent.

4. **<u>Wirf den Kuckuck aus dem Nest!</u>**
   a) is – eas – ires – eant – iremus – eamus – irem.
   b) sis – esses – sint – sit – essetis – eas.
   c) is – eas – eis – it – eo – eat.

5. **<u>Unterscheide und übersetze:</u>** sim – sum – sunt – sint – simus – sumus – eunt – eant – eo – eam.

6. **<u>Löse folgendes Rätsel!</u> Die grauen Felder ergeben den Namen eines römischen Königs.**

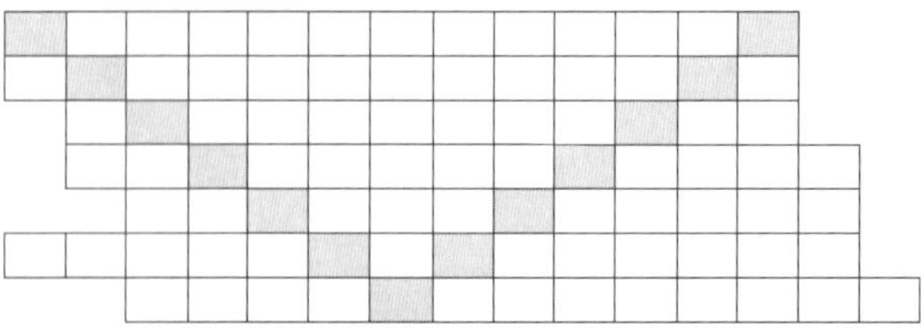

du hättest nicht teilgenommen
wir würden das Amt antreten
die Freunde mögen helfen
er möge die Flotte leiten
er möge mich überleben
der Senator möge auftreten
lasst uns Freunde aufsuchen

K 47 Konjunktiv: Perfektstamm Aktiv

1. **Übersetze:** Numa Pompilius aliis regibus non audacia, sed pietate praestabat. Condicio rei publicae Romanae mala fuisset, nisi rex concordiam (*concordia, -ae* die Eintracht) populi auxisset. Libenter fontem Egeriae deae visitabat et eam auxilio arcessebat, cum hostes fines Romanorum petebant. „Dea", inquit, „numquam nobis affuisset, nisi ei templum aedificavissemus. Rogo vos, quis nobis auxilio venerit. Quot Romani mortem obissent, nisi dei militibus nostris consuluissent?" Nisi Romani alios populos non solum (*non solum* nicht nur) virtute, sed etiam pietate superavissent, dei eos numquam adiuvissent.

2. **Bilde jeweils die entsprechende Konjunktivform zum angegebenen Indikativ:** pono – seris – appetebamus – desii – dissenserant – cingebatis – contemnimus – illusisti - interdixerat – traducit.

3. **Setze die Konjunktivformen, die sich in Aufgabe 2 ergeben haben, in das entsprechende Tempus des Präsens- bzw. des Perfektstammen!**

4. **Übersetze folgende Sätze und achte auf die korrekte Wiedergabe der Konjunktive:**
   a) Nisi Romani Gallis ingentem copiam auri solvissent, Galli ira commoti Romam ussissent.
   b) Si Galli Romam in potestatem suam redegissent, Romani magnos labores subissent.
   c) Si hostes superbi perissent, gaudium (*gaudium, -i* n die Freude) Romanorum magnum fuisset.
   d) Nisi milites Manlii panem de Capitolio iactavissent, Galli non de pace egissent.

5. **Übersetze und beachte den unterschiedlichen Sprachgebrauch im Deutschen und im Lateinischen:**
   a) Rogo te, ubi elephantos videris.
   quando amici venerint.
   cur deos non colueritis.
   quot hospites Marcus invitaverit.
   quis te adierit.
   b) Rogavi te, cur victoria multo sanguine stetisset.
   quando fratrem tuum visitavisses.
   cur heri ad nos non venisses.
   quot dies in terra aliena fuisses.
   quem in itinere adisses.

6. **Ergänze folgende Graphiken, indem du die Perfekt- bzw. Plusquamperfektformen der angegebenen Verben einfügst!**

a) gignere; flere; frangere; flectere

b) domare; colere; salire; velle

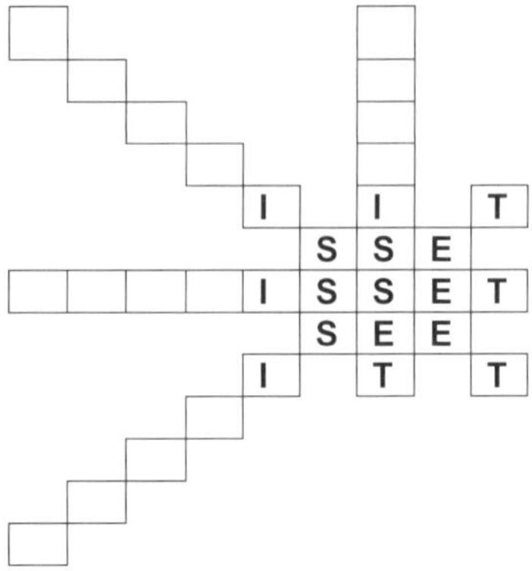

K 48 Konjunktiv: Perfektstamm Passiv

1. **Übersetze:** Cum exercitus Romanorum olim cinctus esset et copiae hostium usque ad muros Romae adductae essent, Marcus Fabius consul postulavit, ut et patricii et plebeii urbem servarent. Sed plebeii a nobilibus diu contempti bello interesse noluerunt. Etiam patricii indixerunt se nullo (*nullus, -a, -um* kein) praemio induci posse, ut bellum gererent. Res publica Romana exstincta esset, nisi gens Fabia trecentos sex viros armavisset, qui Fabio duce exercitui Romano clam auxilio venerunt. Fabius, nisi hostes fugavisset, a senatu praemiis ornatus non esset.

2. **Setze folgende Formen des Präsensstammes in die entsprechenden Tempora des Perfektstammes:** vocatur – habebatur – sepelirentur – serantur – diceretur –- audireris – neglegebatur – deligitur – deligetur – duceremini.

3. **Verwandle folgende Sätze ins Passiv und übersetze sie dann:**
   a) Nisi Fabius rem publicam servavisset, populus eum non dilexisset.
   b) Si hostes Romam in potestatem suam redegissent, urbem delevissent.
   c) Nisi milites Fabii exercitum Romanum adiuvissent, hostes Romam expugnavissent.

4. **Gib folgende Sätze in richtigem Deutsch wieder:**
   a) Magister rogatur, cur Romani interierint.
   quando Helvetii a Caesare victi sint.
   ubi Persae ab Alexandro fusi ac fugati sint.
   quo anno Dereus rex interfectus est.
   cur Pyrrhus rex necatus non sit.
   a quo Caesar interfectus sit.

b) Magister rogatus est, quis Pyrrhus fuisset.
cur Romani a Pyrrho victi essent.
quando Pyrrhus a Romanis victus esset.
cur a senatoribus Niciae praemium datum non esset.
quo anno Caesar interfectus esset.
ubi Vergilius poeta sepultus esset.

5. **Bilde folgende Pyramide, indem du jede Zeile einen neuen Buchstaben hinzufügst!**
Die einzelnen Wörter bedeuten (nicht in der richtigen Reihenfolge): wir sind verborgen – das Salz – die Bestattete (Akk. Singular Fem.) – viele (Akk. Plural Fem.) – von – die kleinste römische Münze – die Seite – das Lob

_
_ _
_ _ _
_ _ _ _
_ _ _ _ _
_ _ _ _ _ _
_ _ _ _ _ _ _
_ _ _ _ _ _ _ _

K 49 Konjunktiv: velle – nōlle – mālle

1. **Übersetze:** Velim audiatis, quomodo feminae Romanae aliquando civitati profuerint. Romani optabant, ut feminae domi manere mallent quam ad rem publicam accedere. Viri optabant: Utinam feminae domum et familiam curent, liberos educent! Certe feminae viris non paruissent, si civitatem valere noluissent. Romani cum Hannibalem Roma arcere vellent, sed neque arma neque pecuniam haberent, feminas oraverunt: Nolite auxilium vestrum nobis negare! Si feminae aurum retinere voluissent, si ornamenta in aerarium (die Staatskasse) dare noluissent, Hannibal Romam delevisset. Ne contemnemus feminas!

2. **Verneine folgende Imperative auf zwei Arten:** age – peragite – redige – exigite – subigite – subige – coge – cogite – fundite – funde – frange – frangite – funde - fundite.

3. **Gib folgende Konjunktive in gutem Deutsch wieder:** oremus – ne neglexeritis - vellem me visitavisses – utinam ne cogaris – ne deseramus – nolite pugnare – laboretis – nescirent – serant – rogo, ubi manere malueris.

4. **Bestimme und übersetze:** velim – vellem – nolimus – malemus – mallemus – nolent – velis – voluissem – malam – malim – mallem – nolis – malis – vellent

5. **Welche Formen sind doppeldeutig?** volo – volamus – volumus – velimus – malo - malas – malis – malam – volant – nolis – nolunt.

6. **Löse folgendes Rätsel!**

					V					
					E					
					L					
					L					
					E					
					M					
					U					
					S					

Die einzelnen Formen bedeuten (nicht in der richtigen Reihenfolge): lasst uns nicht im Stich lassen – mögest du doch kommen – wir hätten lieber gewollt – zerstöre nicht – dass du doch lieber willst – hätte er doch nicht gewollt – sie mögen einsehen – sie würden anreden.

K 50 3. Konjugation: Reduplikationsperfekt 1

1. **<u>Übersetze:</u>** Secundo a. Chr. n. saeculo accidit, ut multi cives Romani in calamitatem inciderent. Gravia bella acciderant, multi cives ceciderant, multi post bella aut occisi aut pauperes erant. Quod Romani putabant cives magna fortitudine pugnare, quia agros, domos, patriam amittere et in servitutem incidere nolebant, exercitus solum (nur) ex civibus constabat. Tiberius et Gaius Gracchus quia nolebant cives Romanos inopia occidere, pauperibus agros dederunt, sed divites se suosque armaverunt eorumque armis pauperes ceciderunt. Brevi tempore Tiberius et Gaius occisi sunt.

2. **<u>Welche Formen sind vom Schriftbild (nicht von der Aussprache!) her doppeldeutig?</u>** cecidi – cadit – caedit – cecidissent – ceciderant – caedebatis – cadebas – occidit – occideram – occidissetis – occidunt – occidimus – occidebamus – occidam – occident.

3. **<u>Beachte jeweils Längen und Kürzen des Stammvokals, übersetze und übertrage die Formen der Perfektstammes in die entsprechenden Tempora des Präsensstammes und umgekehrt:</u>** occĭderunt - incĭderas – occīdisses – cecīderunt – óccĭdi – occīdi (2) – cecīdisti – incĭdisti – óccĭdit (2) – occīdit (2).

4. **<u>Unterscheide und übersetze:</u>** caedo – caedi – caesi - cado – cadam – caedes – caedebam – cadebam – caderem – caederem – cadis – cades – cadas.

5. **<u>Löse folgendes Rätsel!</u> In jeder Zeile musst du einen Buchstaben verändern; durch Umstellen muss jeweils eine sinnvolle lateinische Form entstehen. Jeder Buchstabe darf nur einmal ausgetauscht werden.** *(Zur Erklärung: solea, ae heißt „die Sandale“).*

C	A	D	U	N	T
S	O	L	E	A	M

K 51 3. Konjugation: Reduplikationsperfekt 2

1. **Übersetze:** Cornelia cum aliquando per agros ambularet et mulieri, quae erat e Campania, occurreret, ornamentis aureis illius commota non est. Interrogata, ubi ornamenta sua essent, Cornelia pueros suos advocavit contendens: "Haec ornamenta mea sunt." Postea pueri matrem non fefellerunt, nam cum viri essent, se moribus Romanorum antiquorum dignos ostendebant. Cum enim vidissent pauperes a divitibus valde opprimi, manus ad caelum tendentes oraverunt: "Contendimus, ut pauperes adiuventur. Adeste nobis, dei!"

2. **Unterscheide und übersetze:** falli – fefelli – fallo – fallam (2) – falles – fallis – fefellisti – tetendit – tendit – tensi – occurrit (2) – occurrunt – occurrerunt – contenderes – contenderas – ostendi (2) – ostendo – ostendam (2) – ostendet – ostendit (2).

3. **Suche jeweils die richtige Bedeutung zu contendere:** Caesar cum gentibus Gallorum diu pugnavit. – Cornelia contendit pueros ornamenta sua esse. – Quia ludi erant, multi homines in urbem contenderunt. – Tiberius et Gaius Gracchus contenderunt, ut pauperes adiuvarent et e servitute servarent.

4. **Unterscheide folgende Formen und übersetze sie:** curro – currimus – curramus - curremus – curreremus – cucurristi – cucurreratis – concurrunt – concurrerunt – concurristi – concurris – concurrit (2) – concurrimus (2) – occurrissent – occurrebant – fallo – falli – falle – falletis – fallitis – tendo – tendi – tende - tetendi – tendas – tendes – tendis.

5. **Baue folgende Doppel-Pyramide!**

–
– –
– – –
– – – –
– – – – –
– – – – – –
– – – – – – –
– – – – – –
– – – – –
– – – –
– – –
– –
–

Verwende folgende Bestandteile, die hier ungeordnet stehen:

er wird lernen – geh – er möge sein – wenn – und – geht – sie werden sagen – aus – sie werden lernen – er weicht – er wird wissen – er gibt heraus - er weiß

K 52 3. Konjugation: Reduplikationsperfekt 3

1. **Übersetze:** Poetae saepe de fide coniugum cecinerunt. Audivimus mulierem piscatoris (*piscator, -oris* der Fischer) marito (*maritus, -i* der Ehemann) *per-fidam* (*perfidus, -a, -um* treulos) fuisse. In illo vico mos erat coniugem perfidam ex-pelli et de saxo alto in mare iactari. Vir incolas impellere non potuit, ut mulieri suae , quam adhuc amabat, parcerent. Itaque noctu (in der Nacht) sub saxo clam rete (*rete, -is* n. das Netz) tetendit. Piscatori contigit, ut mulierem, cum de saxo iactaretur et in rete caderet, servaret. Hac fabula didicimus homines saepe misericordia (*misericordia, -ae* das Mitleid) tangi et ab aliis laesos tamen indulgere (nachgeben, verzeihen) posse.

2. **Übersetze die folgenden kleinen Sätze:** Mihi pepercisti. – Uxor pecuniae pepercerat. – Impelli potui, ut tibi parcerem. – Verba Latina didicisse utile est. – Mihi contingit, ut te viderem. – Mihi contingit, ut te videam. – Noli me tangere! – Ne me tetigeris!

3. **Übertrage folgende Formen in die entsprechenden Tempora des Perfektstammes und übersetze.** tango – tangi – pelli – pellerem – impellebas – discunt – discent – canere – parcamus – parcere – parcit – parcebat – parcet.

4. **Übertrage folgende Formen in die entsprechenden Tempora des Präsensstammes und übersetze:** pepercisse – tactum esse – pepulissent – impulerant – didicistis – cecinero – tetigi – contigit – peperceram – pepercerit (2).

5. **Verneine folgende Imperative auf zwei Arten:** tange – parcite – impellite – pelle - disce – canete – tangite.

6. **Löse folgendes Rätsel!**
Die grauen Felder ergeben einen Ausspruch des auferstandenen Christus.

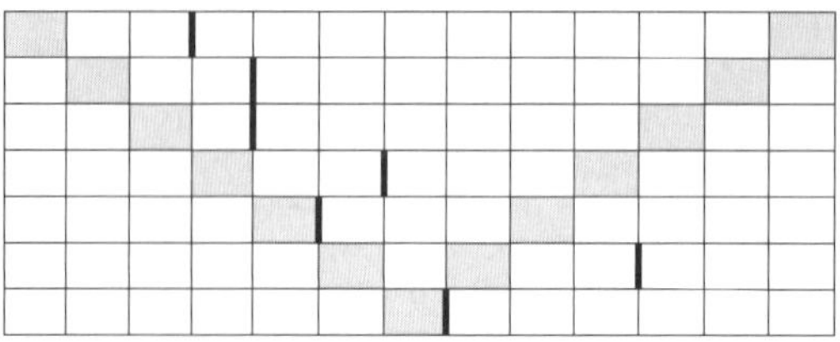

nicht berührt zu haben
schone ihn nicht
veranlasse nicht
ich habe gelernt zu berühren
sie versprechen Gold
sie hatten lange gesungen
sie vertreiben den Feind.

K 53 3. Konjugation: Reduplikationsperfekt 4

1. **Übersetze:** Secundum morem maiorum Romani magni pendebant feminas ad rem publicam non accedere. Uxores magnum laborem impenderunt liberos, quos pepererant, educare et hac ratione rei publicae multum prodesse. Sed etiam scimus feminas aliquando impetum hostium stitisse eosque impulisse, ut ante muros urbis consisterent. Coriolanus a plebeis in exilium missus cum exercitu rediit, ut Romam expugnaret. Veturia mater et Volumnia uxor ei restiterunt, in castra eius contenderunt, poposcerunt, ut civibus patriae parceret. Matri et uxori Coriolanus paruit.

2. **Übertrage folgende Perfektformen ins Präsens und übersetze sie:** poposcerunt – stitisse – constiterunt – restitimus – peperistis – pependerint – impendit.

3. **Bilde zu den folgenden Imperativen die verneinte Form (2 Möglichkeiten):** poscite –siste – consistite – resiste – pare – pendite – impende.

4. **Unterscheide und übersetze:** pario – paro – pareo – parco – pares – paris – paras – parcis – parui – paravi – peperci – peperi – parcam – pariam – parebo – parabo – párĕrem – pararem – párcerem – parērem.

5. **Löse folgendes Zahlenrätsel, das nur aus Verben dieses Kapitel besteht, und übersetze!** Der Buchstabe r kommt fünfmal vor.

9 6 9 6 1 3 12 1 1 8 2 5
9 8 9 8 2 4 12 1 5 12 1
1 5 12 5 12 7 11 1
12 7 9 8 2 4 8 13 10 1
13 8 1 5 12 5 8 13 12 2 5
9 8 9 8 13 8 13 10 5 12 1
3 6 2 1 5 12 5 12 1 1 8

K 54 3. Konjugation: Komposita von dare

1. **Übersetze:** Romulum Romam condidisse et virginibus Sabinorum raptis urbi novae feminas addidisse memoriae proditum est. Sabini cum poposcissent virgines sibi (ihnen) rursus reddi, illae magnum clamorem ediderunt vocantes se apud Romanos manere quam ad patres redire malle. Scriptores tradiderunt virgines noluisse aut patres suos aut coniuges novos se invicem (gegenseitig) perdere; neque patres neque coniuges prodere voluerunt. Quia pateres crediderunt filias a Romanis amari, non pugnaverunt, sed amicitiam inierunt. Hac ratione Sabini virgines et iuvenes Romanos beatos reddiderunt.

2. **Unterscheide folgende Formen und übersetze sie:** adde – addi – addidi – addo - addam (2) – addes – adderes – dedo – dedi (2) – dedidi - dediti – dederam – dedideram – dedissem – dedidissem – prodo – prode – prodi – prodidi – proditi.

3. **Übersetze folgende kleine Sätze:** Galli se Caesari dediderunt. – Caesar Gallis fidem saepe non dedit. – Romani non crediderunt Caesarem omnes Gallos subigere posse. – In periculis nautae se Neptuno credebant. – Credo in unum deum. – Livius libros suos inscripsit "ab urbe condita." – Cacumen (der Gipfel) montis inter nubes (*nubes, -is* die Wolke) conditum erat. – Traditum est Ephialtem Graecos ad Thermopylas prodidisse. – Proditum est Persas ad Salamina multas naves perdidisse. – Alios homines dei beatos, alios miseros reddunt.

4. **Wirf den Kuckuck aus dem Nest!**
a) do – dedo – dedi – dedidi – dederem – dedebant.
b) dedo – dedidisti – dedite – dedunt – dederant – dediderint.
c) dant - dabant – dabunt – darent – dedissent – dedidissent – dederint.

5. **Löse folgendes Silbenrätsel!**

a – ab – ad – bant – be - be – bros – con – cre – de – de - de – de – de – de – de – di – di – di - di – di – di – di – dis – dis – dunt – e – e –e – e – il – li - li - me - mihi - ne – per – pro – rant – rat – rat – red - ris – se – ta - tis – tra - tum - tum – ur

1. zugrunde gerichtet zu haben; 2. sie hatten herausgegeben; 3. mach mich glücklich; 4. sie gaben heraus; 5. ihr habt hinzugefügt; 6. verrate nicht; 7. es war überliefert worden; 8. glaube mir; 9. seit der Gründung der Stadt; 10. er hatte Bücher herausgegeben; 11. übergeben, liefern aus.

Die Anfangsbuchstaben ergeben einen Spruch.

K 55 genitivus und ablativus qualitatis

1. **Übersetze:** Livia, uxor imperatoris Augusti, mira prudentia erat. Scriptores narrant eam etiam eximia pulchritudine fuisse. Augustum, imperatorem magni animi et ingentis sapientiae, amabat totam vitam eique consilia eximii pretii dedit. Interdum Augustus ira commotus homines magnae malitiae (*malitia, -ae* die Schlechtigkeit) morte multare voluit. Tum Livia, quae erat mulier egregia clementia (die Milde), Augustum, iudicem (*iudex, -icis* der Richter) magnae severitatis (*severitas, -atis* die Strenge), adiit animumque eius movit. Augustus uxori, quae erat mira fide, semper gratiam habebat eamque valde diligebat.

2. **Übersetze folgende Ausdrücke:** vir magna animi acie – agmen multarum avium – silva erat altarum arborum – eques incredibili audacia – senatores erant mira auctoritate – iter quinque dierum – senex (der Greis) multorum annorum – collis magna altitudine – consul egregiae dignitatis – femina erat mira facie – victoria erat incredibili gloria – hostis eximiae crudeli-tatis – opus magni laboris – homines magnae nobilitatis – vir ordinis nobilis - poculum erat puro auro – filia egregiae prudentiae – filius magnae spei – aquila est magno robore.

3. **Wandle jeweils den attributiv gebrauchten ablativus/genitivus qualitatis in einen prädikativen um und übersetze:**

   Beispiel: Socrates, philosophus magnae sapientiae : Sokrates, (ein Philosoph von großer Weisheit) ein sehr weiser Philosoph / Socrates erat philosophus magnae sapientiae: Sokrates war ein (Philosoph von großer Weisheit) sehr weiser Philosoph.

   murus pedum quindecim – classis trecentarum navium – anulus (der Ring) magni pretii – navis eius modi – domus huius generis – vir parvo corpore – homo nigris (*niger, -gra,- grum* schwarz) oculis – amicus vultu laeto – vir magnae auctoritatis – dolor brevis temporis.

4. **Erkläre die Bildung folgender Wörter und gib ihre Grundbedeutung an:** prudentia – eximius – egregius – incredibilis

5. **<u>Löse folgendes Kammrätsel!</u>**

Die einzelnen „Zähne“ bedeuten: den Vögeln – sie ergeben sich – der Städte – sie sind verborgen – glücklich (mask.) – er gibt zurück – er hat zum Stehen gebracht – du verbirgst – ich habe veranlasst.

Der Schaft des Kammes ergibt, sinnvoll ergänzt, eine römische Spruchweisheit.

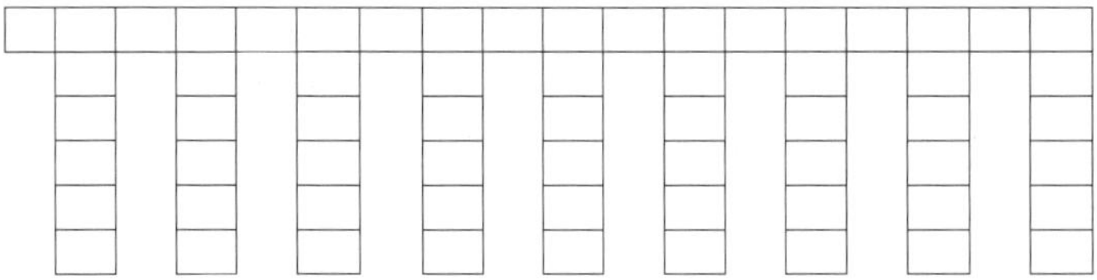

K 56 Genitivus subiectivus und obiectivus

1. **<u>Übersetze:</u>** Post tria bella civilia civium desiderium pacis magnum fuit. Odium bellorum omnes cives impleverat. Antonio ab Octaviano victo et gaudium victoriae et spes pacis magna fuit. Octavianus principatum civitatis poposcit, quia terrores belli civilis finiverat. Civium amor Octaviani magnus fuit, nam spem felicium temporum auxerat; timor hostium et belli novi afuit. Incitabatur gaudium civium etiam odio Antonii; nam multi cives putaverunt eum amore Cleopatrae adductum optare, ut caput imperii in Aegypto esset.

2. **<u>Übersetze folgende Ausdrücke:</u>** cupiditas cibi – sitis libertatis – studium litterarum – medicina morbi – certamen (der Streit) honorum – abstinentia (die Enthaltsamkeit) vini – tristitia (die Trauer) amici mortui – oboedientia (der Gehorsam) legum – requies (das Ausruhen) laboris – memoria rerum gestarum – spes salutis – desiderium otii – gaudium imaginis – timor impetus hostium – transitus (der Übergang) Alpium.

3. **<u>Übersetze folgende Ausdrücke als genitivus subiectivus und obiectivus:</u>** victoria Graecorum – bellum Hannibalis – laus Caesaris – iniuria Helvetiorum – misericordia amici – memoria amici – invidia (der Neid) hospitis – admiratio (die Bewunderung) Romanorum – odium Catilinae – gaudium parentum – desiderium filii.

4. **<u>Überlege jeweils, welche Genitive vorliegen, und übersetze:</u>** Romanorum odium Hannibalis – Romanorum bellum Pyrrhi – Helvetiorum iniuriae populi Romani – civium gaudium victoriae – parentum desiderium filii – omnium laus Caesaris – parentum amor liberorum – Caesaris triumphus Africanorum – Hannibalis trans-itus (der Übergang) Alpium – Ciceronis odium Catilinae.

5. **Wie wird odium zu manes? Ändere pro Zeile jeweils einen Buchstaben; es müssen sich lateinische Wörter ergeben. Jeder Buchstabe darf nur einmal verändert werden.**

O	D	I	U	M
M	A	N	E	S

K 57 Doppelter Akkusativ 1

1. **Übersetze:** Romanos Augustum imperatorem bonum habuisse constat. Is diligentem et sapientem semper se praestabat et cives imperii beatos reddere studebat. Quia aedificia praeclara decus Romae ducebat, porticum amplam et magnum Martis templum collocavit. Imprimis poetas velut Horatium comites et amicos sibi deligebat, qui pricipatum Augusti aure-am aetatem et felicia tempora nominabant. Horatius, qui imperatorem primo inimicum iudicaverat, Augustum auctorem pacis gratae dixit.

2. **Setze die passenden Endungen ein und übersetze:** Senatores Catilin__ (Catilina, -ae) host__ populi Romani appellaverunt. – Multi homines Socrat__ (Socrates, -is) vir__ sapient__ aestimant. – Romani Mari__ (Marius, -i) septies (siebenmal) consul__ creaverunt. – Romani Hannibal__ (Hannibal, -is) host__ et putabant et habebant. – Romani Hannibal__ pro hoste habebant. - Aedificiis amplis, quae collocavit, Augustus urb__ Rom__ pulchr__ et civ__ felic__ reddidit. – Caesar milit__ decimae legionis, qu__ fid__ (*fidus, -a, -um* treu) existimabat, comit__ delegit. – Milites decimae legionis se saepe fid__ praebuerant.

3. **Unterscheide folgende Ausdrücke und übersetze genau:** amicum beatum dicere – amicum beatum iudicare – amicum beatum reddere; Marcum amicum vocare – Marcum amicum ducere – Marcum amicum habere – Marcum comitem deligere - Marcum amicum fidum (*fidus, -a, -um* treu) reddere – se Marco amic__ fid__ praestare.

4. **Tausche in folgenden Ausdrücken die Verben durch gleichbedeutende aus übersetze:** Augustum exemplum imperatoris boni appellare – Augustus iustum se praestabat – Romani Ciceronem consulem creaverunt.

5. **Löse folgendes Zahlenrätsel und übersetze:**

1 2 3 2 4 5 2 6 7 6 8 9 10 1 5 11 10 9 6 12 11 13 2 6 14 7 15 9 10 9
1 2 3 2 4 5 2 6 16 7 15 2 6 8 11 9 5 1 10 2 6 14 2 15 9 10 9
1 2 3 2 4 5 11 3 10 1 5 2 6 4 9 8 10 1 9 4 5 1 10 9
1 2 3 2 4 5 2 6 16 9 17 7 15 9 6 10 9 14 14 9 10 9
1 2 3 2 4 5 2 6 14 11 6 7 13 2 6 7 2 4 5 2 6 19 1 12 9 10 9
1 2 3 2 4 5 2 6 9 18 9 6 8 17 2 6 14 9 17 7 3 9 10 9

Im ersten Wort steckt jeweils der Name eines römischen Kaisers (in zum Teil unterschiedlichen Kasus).

6. **Löse folgende Rätsel:**
   a) Marcum filium meum voco. Sed Marcus me patrem non habet. Quis sum?
   b) Marcum fratrem nomino. Sed Marcus me fratrem non habet. Quis sum?

K 58 Doppelter Akkusativ 2

1. **Übersetze:** Augustus semper id studebat, ut sanguis populi Romani integer servaretur. Id nemo ei persuadere potuit, ut civibus matrimonium cum servis aut peregrinis (*peregrinus, -a, -um* fremd) permitteret. Imprimis Augustus Romanos hoc admonebat, ut mores maiorum renovarentur. „Quid non vultis secundum mores veteres vivere, concordiam servare, maioribus vos non indignos praebere," in contionibus cives interrogabat. Iuliam filiam, cuius mores sordidi erant, exsilio multavit eamque vetuit vestes pretiosas (*pretiosus, -a, -um* kostbar) habere. „Te mores bonos docui, imprimis te oboedientiam (*oboedientia, -ae* der Gehorsam) postulo," sententia patris erat.

2. **Übersetze die folgenden kleinen Sätze und achte auf den unterschiedlichen deutschen Sprachgebrauch:** Consul senatores sententiam rogavit. – Cives in contione sententiam rogati sunt. – Comites praemio digni erant. – Servi laude indigni fuerunt. – Caesar Gallos frumentum (*frumentum, -i* das Getreide) postulavit. – Magister pueros et puellas linguam Latinam docet.

3. **Gib in den folgenden Ausdrücken und kleinen Sätzen die Pronomina und Adjektive in gutem Deutsch wieder:** hoc vos oramus – quid mecum non consentis? – illud cogi non possum – multum mihi profuisti – quid me multum nocuisti? – id te interrogo – id tibi persuadeo – saepe homines id student, ut multum valeant – hoc te admoneo – multum possumus.

4. **Füge sechs Wörter des Wortschatzes K 58 a waagrecht in die Tabelle ein! Das siebte ergibt sich senkrecht aus den grauen Feldern.**

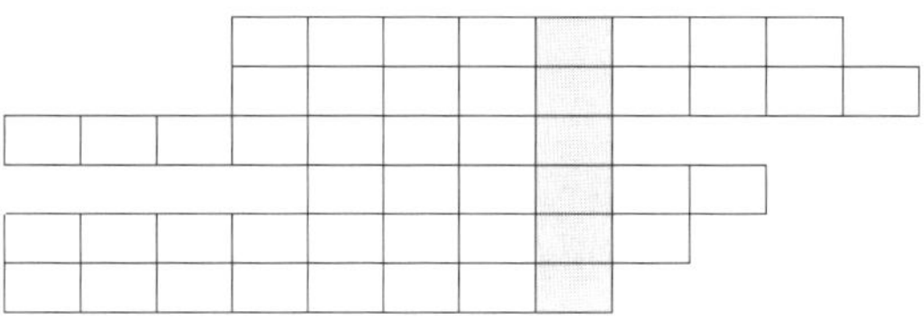

Eintracht
Unwürdig
Kleid
Erneuern
Meinung
Schmutzig
Volksversammlung

K 59 3. Konjugation: Perfekt ohne Veränderung des Stammvokals 1

1. **Übersetze:** Augustus cum animadvertisset Tiberium in Germania victorias reportavisse, sententiam suam vertit et statuit, ut Tiberius sibi (ihm) succederet. Itaque constituit ab invidia (die Missgunst), quae ei in Tiberium erat, se avertere

eumque adoptare (an Kindes statt annehmen). Multi existimant sententiam Augusti conversam esse a Livia, matre Tiberii, et ab senatoribus, qui Tiberio propter victorias magnos honores tribuerant. Livia certe instituerat, ut filius, quamquam eum non diligebat, Augusto succederet. Nolebat enim eum in ignominiam (*ignominia, -ae* die Schande) ruere, quam metuebat.

2. **Übersetze folgende Formen! Welche sind doppeldeutig?** statuimus – tribui – instituunt – ruitis – avertit – animadverterunt – metuistis – constitui.

3. **Gib das Verbum in folgenden Sätzen in richtigem Deutsch wieder und erkläre:** Romani proditores (Verräter) de saxo Tarpeio (*saxum Tarpeium* der tarpeische Felsen am Abhang des Kapitols) ruebant.- Multi milites Hannibalis de viis arduis (*arduus, -a, -um* steil) Alpium in valles ruebant. – Nauta de nave, quae erat in undis altis, in mare ruit. – Nautae Arionem, cuius divitias rapere voluerunt, in mare ruerunt.

4. **Unterscheide und übersetze:** statuo – statui – statuimus – statuemus – statuamus – avertis – avertes – averteris – averteres – avertereris – avertaris – avertas – tribuit – tribuet – tribuat – tribueret – tribuerat.

5. **Wirf den Kuckuck aus dem Nest:**
   a) statuo – statui – statua – statue
   b) statuas – statuam – statuis – statues
   c) tribuit – tribuat – tribuet – tribueret
   d) metuis – metuas – metues - metus

6. **Löse folgendes Rätsel:**

													sie hätten zugeteilt
													sie sind unterrichtet worden
													sie wären zugeteilt worden
													wahrnehmen
													sie mögen wahrnehmen
													wir hinderten
													sie hätten erhört

K 60 3. Konjugation: Perfekt ohne Veränderung des Stammvokals 2

1. **Übersetze:** Imperator Tiberius, quamquam primo pecuniae pepercit, in Asia incolis, qui motu terrae res suas amiserant, pecuniam solvit, ut eos adiuvaret; Romae tecta pauperum, quae incensa erant, restituit (*restituere* wieder herstellen). Sed postea mores mutavit. Roma exiit et diu manebat in insula Caprea, ubi saepe montem ascendebat et demum (erst, endlich) vesperi descendebat; ibi duodecim domus regias aedificavit. Multum bibebat et de hominibus, qui eum aut illuserant aut offenderant, supplicium sumebat. Omnes, qui maiestatis laesae (wegen Majestätsbeleidigung) accusati (*accusare* anklagen) erant, se defendere non potuerunt, capitis non absoluti sunt.

2. **Welche Formen sind doppeldeutig?** solvi – bibitis - absolves – defendam – offendis – descendunt – ascendit – incendimus.

3. **Setze folgende Formen ins Passiv:** solverunt – absolves – offendistis - accenderat – solvis – absolveres – defendisses – offendero.

4. **Setze folgende Formen ins Aktiv:** soluti eratis – absolvetur – offensum esse – defensus essem – accendebatur – solvereris – absoluti sunt – defendemini – defendaris.

5. **Löse folgendes Rätsel:**

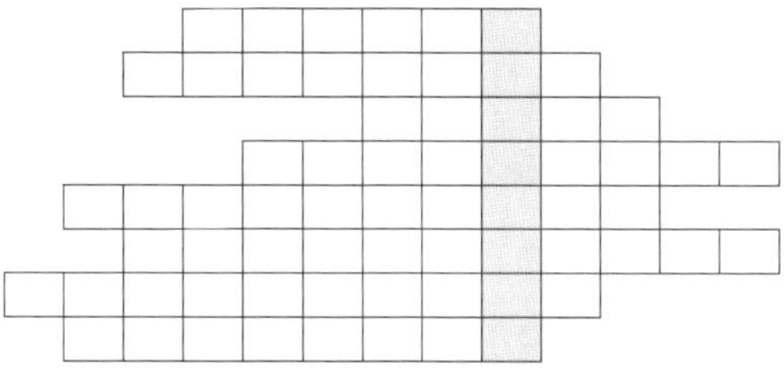

er löst
er zündet an
er trinkt
du mögest herabsteigen
du wirst freigesprochen
ihr habt beleidigt
wir steigen hinauf
du wirst verteidigen

Die grauen Felder ergeben von oben nach unten eine Gestalt aus der römischen Geschichte.

K 61 3. Konjugation: verba incohativa

1. **Übersetze:** Novimus matrem Claudii filium „portentum (Ungeheuer, Missgeburt) hominis nec (*neque)* absolutum (*absolvere* hier: vollenden) a natura (!), sed solum (nur) incohatum“ (*incohare* anfangen) appellavisse. Quia in pueritia saepe in morbos incidebat, corpore in-firmo et parvo ingenio erat. Mater si hominem stultum vocabat, dicere consueverat eum stultiorem quam (dümmer als) Claudium filium esse. Auctoritas eius autem crevit, cum Romani congnovissent Claudium saepe consules aut senatores consulere aut libertinos, qui ei fidi erant, ad administrationem (*administratio, -onis* die Verwaltung) adhibere. Hominibus, qui inopia laborabant, munera dare numquam quievit.

2. **Übersetze und wende im Deutschen das passende Tempus an:** Imperator Claudius consueverat consules consulere. – Novimus Claudium puerum saepe in morbos incidisse. – Nautae periculis assueti vim tempestatum non timent. – Parentes optant, ut liberi laboribus assuescant. – Homines saepe noscebam, qui mihi placebant; tamen amicum verum non novi. – Imperator Tiberius noverat homines se (ihn) non diligere; itaque conspectum hominum fugere consueverat.

3. **Setze folgende Verbalformen in die entsprechenden Formen des Perfektstammes:** quiescimus – assuesceremus – noscebatis – crescerent – quiesces – cognoscunt – quiescebamus – cognoscitis – crescatis – noscis.

4. **Setze folgende Verbalformen in die entsprechenden Formen des Präsensstammes:** quieveramus – assuevistis – novisses – crevisse – quieverint – cognovisti – quievimus – cognovissent – creverant – novi.

5. **Löse folgendes Kammrätsel:**

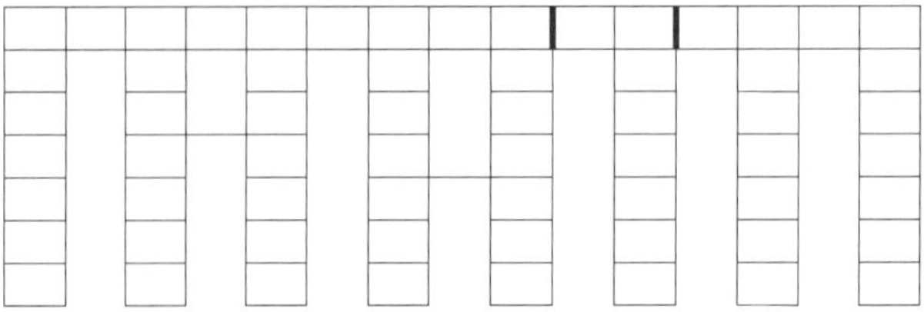

Die senkrechten Reihen bedeuten: er ruhte (Pfkt); die Begabungen; sie lösen; steige hinauf!; du wirst zuteilen; du kennst; freigesprochen werden; sie gaben heraus (Impfkt).
Die **waagerechte Zeile** ergibt einen Spruch, den man häufig Toten wünscht.

K 62 Gliedsätze: Wiederholung und Ergänzung

1. **Übersetze:** Quia Claudius diligebat ad cenam invitari, multi nobiles, cum cenam parabant, imperatorem advocabant. Claudius cum ubique insidias timeret, semper cum custodibus, quibus fidem habebat, veniebat. Quamquam custodes imperatori fidi erant, semper timebat, ne falleretur. Dum apud amicos cenat, saepe circum-spectabat, ubi sibi (ihm) insidiae parari possent. Postquam cenatum est, apud mensam (*mensa, -ae* der Tisch) quievit, quia multos cibos sumpserat et multum biberat. Cum dormiebat, optabat, ne ex somno (*somnus, -i* der Schlaf) excitaretur (*excitare* wecken). Itaque convivae exspectabant, dum imperator somnum finiret.

2. **Übersetze und achte auf die richtige deutsche Wiedergabe des *ut* bzw. *ne*!** Imperator Claudius optabat, ut ab hominibus diligeretur. – Claudius tam crudelis erat, ut reis (*reus, -i* der Angeklagte) saepe non parceret. – Multi Romani optaverunt, ne Claudius salvus e Britannia rediret. – Claudius timuit, ne mare periculorum plenum esset. – Quia Claudius timuit, ne nave salvus in Britanniam non perveniret, milites per Galliam ire iussit.

3. **Achte bei der Übersetzung auf den richtigen Modus im Deutschen!** Te rogavi, ubi heri fueris. – Imperator nuntios cognoscere iussit, ubi via per regionem ignotam a periculis libera esset. – Claudius amicis dixit, quando ex itinere redire vellet. – Fures (*fur, furis* der Dieb) nesciebant, ubi dominus divitias suas condidisset. Itaque magna diligentia quaesiverunt, ubi vestigia invenire possent.

4. **Unterscheide die Bedeutung in der Aussageweise folgender Sätze und achte auf die richtige deutsche Wiedergabe!** Si in illam urbem pervenerimus, ibi amicos visitabimus. – Pyrrhus rex Romanos non vicisset, nisi elephantos timuissent. – Rex Persarum Leonidae (*Leonidas, -ae* Spartanerkönig) dixit: Si sagittas (*sagitta, -ae* der Pfeil) nostras mittemus, sol obscurabitur (*obscurare*

verdunkeln). Leonidas respondit: Si sol obscurabitur, in umbra pugnabimus. – Dum Hannibal Romanis victis Italiam peragrat (*peragrare* ziehen durch), consules magno in timore erant et cum Poeno pugnare noluerunt. – Romani ad Cannas exspectaverunt, dum Hannibal castra sua relinqueret et pugnare pararet.

5. **Bilde eine Wörterschlange! Achte darauf, dass sich die Wörter am Ende und am Anfang überlappen!**
   Die Zeit (Abl.) – ich möge zurückkommen – o Freund – ich speise – die Namen – mit dem Schiff – wollen – die Betten – der Furcht (Dat.) – lache! – du überlegst – rau – richte auf! – durch das Geschlecht – ich gebe zurück – schlafe! – ich werde schicken – dem Freund – Gäste.

6. **Löse folgendes Rätsel!**

1	2	3	4	5	6			
7			8			9	10	11
12					13			
14	15	16			17			
18				19		20		
21					22	23	24	
25			26					

1 er ist gewohnt; 2 mit dem Mund; 3 nicht; 4 törichte (Akk. Fem.); 5 dem Bären; 6 ich werfe hinaus; 7 ich bitte; 8 drei (‚Dativ); 9 die Güter; 10 mit der Stadt; 11 ich stünde; 12 das Geschlecht; 13 das Herz; 14 durch nichts; 15 du verbrennst; 16 breite (Nom. Masc.); 17 auf; 18 die Rede; 19 geht! 20. die Luft; 21 das Leben; 22 mit Erz; 23 und; 24 zurück; 25. derjenige; 26 sieben.

K 63 Pronomina: Wiederholung und Ergänzung

1. **Übersetze:** Neminem vestrum fugit imperatorem Claudium illis ducibus invidisse, quibus contigerat, ut triumphum agerent. Itaque deliberavit, de qua gente triumphum agere posset, quamquam ipse dux bonus non erat. Sciebat Caesarem bis (zweimal) in Britanniam navigavisse et gentes eius insulae nulla alia re vicisse atque (als) nomine Romano, quod Britanni timebant. Incolas istius insulae sibi resistere non posse Claudius putabat. Sed Claudius sciebat Caesarem non omnes gentes totius insulae subegisse. Itaque cum principibus Britanniae sermones habere quam (als) pugnare maluit.

2. **Bilde die passende Form der Pronomina:** Caesari (ipse) – (nullus) hominis – (totus) orbe terrarum – (solus) magistratui – (hic) bestiae – (iste) hominum – (ille) ducis – pater, (qui) domus pulchra est – mater, (qui) gratiam habemus – (nihil) mihi dedisti – regio (nemo) nota est – (solus) Graeci Romanis litteris praestant – (is) nationes – (nullus) principi – (iste) inimici (2) – (ille) templum – (alius) tempus.

3. **Wirf den Kuckuck aus dem Nest!**
   a) isti – eo – soli – ipsis – his – totis – quibus.
   b) nullam – nihil – ea – haec – hoc – sua – ista – solum.
   c) huius – cuius – quorum – earum – ipsius – totis – istorum.
   d) isto – illo – ipsa – totis – nemini – solo – his – quibus.

4. **<u>Übersetze in den folgenden kleinen Ausdrücken die Relativpronomina richtig!</u>** Romani, quorum hostes Germani erant – Maecenas, cuius amicus Augustus erat – Livia, cui Augustus fidem habebat – insulae, quarum pulchri-tudo multos homines delectat – sol, cuius luce homines delectantur – sidera, quorum lux nautis viam monstrat – Horatius, quocum Maecenas libenter sermones habebat.

5. **<u>Fülle die nachstehende Tabelle aus, indem du in die erste Spalte den Kasus schreibst (die vorgegebenen Formen helfen dir dabei) und dann die restlichen Spalten mit den entsprechenden Pronomina ergänzt! Der Vokativ fällt weg.</u>**

Ka.										
		iste				hic	xxx		nihil	
	eius									
			soli				sibi			
					nullum			neminem		
				toto						ipso

K 64 3. Konjugation: fácere

1. **<u>Übersetze:</u>** Neronem multa crudelia facinora fecisse scimus. Imperatore Claudio interfecto Seneca philosophus scriptis suis Neroni multum profecit. Nam libros confecit, quibus effecit, ut animus imperatoris ad clementiam et humanitatem verteretur. Tamen Seneca magno dolore afficiebatur, quod non perfecit, ut Nero mores suos mutaret. Nam vera humanitas eum deficiebat. Quadrigis eburneis (*quadrigae eburneae* das Viergespann aus Elfenbein) ludere malebat quam exercitui praefici. Itaque Romani, cum certiores facti essent Neronem interfectum esse, magno gaudio affecti sunt.

2. **<u>Übersetze folgende Formen:</u>** affici – affeci – praefecisse – perfectum est – proficiam (2) – legioni praeficitur – Galli a Romanis defecerant – bello confecto (Abl.) – efficitis – efficietis – Caesare interfecto (Abl.) – fecissent.

3. **<u>Übertrage die Formen der Aufgabe 2 in den Perfekt- bzw. Präsensstamm!</u>**

4. **<u>Übersetze:</u>** amicum praemio afficere – patrem gaudio afficere – matrem dolore afficere – servum libertate afficere – eum, qui hominem interfecerat, supplicio afficere – consulem honore afficere – adversarium vulnere afficere – victorem gloria afficere – fratrem iniuria afficere – amicum muneribus afficere – cives calamitate afficere – gaudio affici – morbo affici – dolore affici – morte affici – iniuria affici.

5. **Löse folgendes Silbenrätsel!**

a – a – af – af – ban – be – ce – ci – ci – ci – ci – ci – cis – cis – cit – con – de – de – di – di –dis – e – e – e – ef – ef – ef – en – ent- est – est – fa – fe – fec – fec – fec – fen – fi – fi – fi – fi –fi – fi – fi – fran – gi – in – is – lu – me – mus – of – op – os – per – per – prae – pres – pro – rant – rat – re – re – red –ris – ru – runt – runt – runt – runt – se – se – se – se – sent – si – sis – sis – spar – sti – sunt – te – te – ten – ten – ter – ti – ti – tis – tra – tum – tum – tum – tum – tur – tur – unt – us – us.

1. sie werden getötet werden; 2. du machst mich glücklich; 3. ihr möget vollenden; 4. sie bewirken; 5. zurückgekehrt zu sein; 6. sie wurden behandelt; 7. sie haben gespannt; 8. gezeigt zu haben; 9. sie sind gestürzt; 10. sie sind an die Spitze gestellt worden; 11. beleidigt zu werden; 12. er ist dienlich; 13. sie hätten verbrannt; 14. sie hatten gespielt; 15. wir haben unterdrückt; 16. es ist vollendet worden; 17. sie haben Widersand geleistet; 18. du würdest versehen mit; 19. sie werden bewirken; 20. gebrochen zu werden; 21. es war bewirkt worden; 22. du hast vollendet; 23. sie haben überliefert; 24. es ist verbrannt worden; 25. ausgestreut zu haben.

K 65 3. Konjugation: cápere

1. **Übersetze:** Accepimus Neronem interdum facinora mala frustra suscepisse, ut homines interficeret matre non excepta. Aliquando illam invitavit et vultu laeto domo regia recepit. Mater autem, cum postea domum se recipere vellet, nave vitio deleta tamen ad litus natavit (*natare* schwimmen). Nero servo, qui hunc nuntium attulerat, praecepit, ut scelus susciperet et matrem pugione (*pugio, -onis* der Dolch) interficeret. Nero cum coepisset homines contemnere, adeo mente captus erat, ut nemini parceret.

2. **Unterscheide und übersetze:** capi – coepi – cepi – cepisse – coepisse – excipi - excepi – recipiunter – accipientur – excipiantur – acciperis – acciperes – accipereris- accipieris – accipies - acceperis.

3. **Bilde zu folgenden Formen die entsprechenden Tempora des Präsesstammes:** coeperant – recepissent – susceptum est – excepti essent – accepti erunt – acceperint (2) – susceperas.

4. **Verneine folgende Imperative jeweils auf zwei Arten:** cape – accipite – excipe - recipite – incipite – suscipe!

5. **Übersetze folgende Formen, schreibe sie untereinander und verschiebe die einzelnen Zeilen so nach links oder rechts, dass sich in einer senkrechten Reihe eine weitere Verbalform ergibt. Wie heißt sie lateinisch und deutsch?**

du wirst gefangen – es wird zurückgenommen – sie mögen empfangen – unternimm! – er nahm heraus – du wirst anfangen – er hätte aufgenommen – angefangen zu haben – sie haben vorgeschrieben – sie hatten unternommen – sie werden empfangen

K 66 3. Konjugation: iácere

1. **Übersetze:** Multi Romani coniecerunt Neronem ipsum ignes in domos iniecisse et incendio urbis delectatum esse. Quia cives imperatori culpam incendii obieciebant, illi magnum timorem iniciebant. Nero autem non dubitabat dicere Christianos, quos Claudius ex urbe eiecerat, Romam (nach Rom) redisse, ut Romanos subicerent. Ad haec verba facta crudelia adiecit: Et viros et feminas et liberos in circo bestiis feris pro-iecit.

2. **Unterscheide folgende Formen und übersetze sie:** inice – inici – adicis – adicies – adicias – adiciaris – adiceris – adicieris – coniecistis – conicitis – conicietis – coniciatis – coniceretis.

3. **Bilde zu den Indikativformen den Konjunktiv und zu den Konjunktivformen den Indikativ und übersetze:** iacis – adicias – coniciebatis – eiceremini – obiecti essent – obiecerant – subiecissemus – iaciunt – adiciebant – eiciatis – inieceras – subiectus eras.

4. **Unterscheide und übersetze:** iacio – iaceo – iacient – iaciunt – iacent – iacebant – iaciebant – iacerent (!) – iacebatis – iaciebatis – iacebitis – iacietis – iacetis.

5. *Sueton, ein römischer Biograph (ca. 70 – ca. 150 n. Chr.), berichtet in seiner Vita Caesars, dieser habe lange gezögert, den Rubikon zu überschreiten und damit den Bürgerkrieg gegen Pompejus zu beginnen. Als Cäsar den Schritt dennoch gewagt habe, habe er einen berühmten Ausspruch getan.* **Finde ihn in den grauen Feldern des folgenden Rätsels!**

Die einzelnen Zeilen bedeuten:

er hatte getötet – das Gefäß ist aus Gold (golden) – sie hätten angezündet – ihr hattet Widerstand geleistet – du nimmst wahr – die Buben werden erzogen (ernährt)

K 67 Das Adverb der Adjektive der 1. und 2. Deklination

1. <u>Übersetze:</u> Nerone imperatore vires rei publicae Romanae haud dubie valde minutae erant. Imprimis civitatem pecunia publica deerat, quam Nero stulte effuderat. Itaque Vespasianus intente studebat civibus recte consulere et urbem rursus pulchre ex-ornare. Certe imperator non effecit, ut ab omnibus civibus semper laude afficeretur, nam coactus erat eis tributa (*tributum, -i* die Steuer, Abgabe) imponere, ut templa pie restituerentur et deis vere placerent. Vespasianus, cuius gens obscura, non clara erat, studebat omnia, quae gerebat, recte et publice facere.

2. <u>**Welche der folgen Formen sind keine Adverbien?**</u> recte - libere – genere – domine – male – malle – iuste – sinere – movisse.

3. <u>**Wirf den Kuckuck aus dem Nest!**</u>
   a) stulte – miseri – obscure – pie – certe – alte.
   b) mone – vale– habe – grate – scribe – nolle.
   c) parte – gere – es – verte – sine – care.

4. <u>**Adjektiv oder Adverb – welche Form ist richtig?**</u>
   a) Pueri iust__ erant.
   b) Pueri iust__ fecerunt.
   c) Homines interdum ignav__ sunt, honest__ non vivunt.
   d) Homines stult__ agunt, qui putant sibi licere sententiam suam semper liber__ dicere; ii autem cert__ laude dign__ sunt,

5. <u>**Löse folgendes Zahlenrätsel!**</u>

   1 4 2 6 4 5   3 10 7 5 9 2 8
   11 15 12 8 5   15 7 5 1 5
   14 2 4 13 7   12 15 13 16 5 13 7
   7 13 12 17 15   7 2 4 5 17 15
   1 4 2 6 4 10   14 2 9 5
   11 15 12 8 10   1 10 9 17 2 9 16 5 17
   7 2 4 5 17 10   7 13 12 17 15 17 13 4
   14 2 4 2   16 5 12 9 13 7   2 8 17

   Die Buchstaben 7, 15, 4, 1 ergeben den Vornamen eines römischen Kaisers.

K 68 Das Adverb der Adjektive der 1. und 2. Deklination: Ausnahmen

1. __Übersetze:__ Merito Romani imperatori Vespasiano gratias habebant, quia pacem rei publicae restituerat. Crebro cives ei vere crimini dabant, quod (dass) gens imperatoris obscura erat. Vespasianus vero haec verba neglexit putans hominem saepe falso iudicari, cuius gens iudicatur, cuius mores autem non videntur. Cito Vespasianus cognovit non solum mores civium corrigi, sed etiam pecuniam publicam augeri debere. Quamquam Vespasianus pecuniam populi Romani valde auxerat, in funere imperatoris Favorinus histrio (der Schauspieler) eum propter parsimoniam (*parsimonia, -ae* die Sparsamkeit) irrisit.

2. __Unterscheide und übersetze:__ Servus celer domino suo litteras apportavit. Servus cito domino suo litteras apportavit. - Ille homo malus poenam meritam solvit. Ille homo malus merito poenam solvit. – Germani crebro copias in Galliam traduxerunt. Crebri Germani in Galliam transierunt. – Testis (*testis, -is* der Zeuge) falso contendit se illa nocte reum (*reus, -i* der Angeklagte) vidisse. Testis falsus contendit se illa nocte reum vidisse. – Testis vere respondit se reum vidisse. Reus vero respondit se in illa regione non fuisse.

3. __Wirf den Kuckuck aus dem Nest!__
   a) vere – veros – veri – veris – verum - vera.
   b) crebri – crebrum – crebra – crebro – crebrorum – crebrae.
   c) celerium – celerem – celeres – celerum – cito – celeris.

4. __Bilde eine Wörterschlange! Achte darauf, dass die Wörter sich am Ende bzw. Anfang überlappen!__ häufig (Adv.) – fragen – richtig (Adv.) – die Zeiten – mit Vernunft - niemandem – nichts – jene (Nom. Pl. Masc.) – freiheitlich (Adv.) – lies vor! – schweig! – sicherlich – gehalten zu haben – o Sklave – aber – der Kraft (Dat.) – sie lachen.

K 69 Das Adverb der Adjektive der 3. Deklination + weitere Ausnahmen

1. __Übersetze:__ Titus pariter atque (wie) pater a Romanis diligebatur. In bello se prudenter et fortiter gessit et Vespasianum patrem multum adiuvit. Vespasiano imperatore facto Titus in Iudaea mansit, bellum bene atque prudenter gessit, Hierosolyma (*Hierosolyma, -ae* Jerusalem) deleta multis, qui eum suppliciter adibant, pepercit. Titus assueverat bene facere, omnes homines pariter diligere, neminem nimium offendere. Titus vespere intente de die praeterito cogitans interdum cognoscebat se paulum duriorem (*durior, -oris* zu hart) fuisse; tum dicebat: Amici, diem perdidi.

2. **Unterscheide und übersetze:** Homines interdum facta turpia faciunt. Homines interdum turpiter agunt. – Nero multos Christianos crudeliter interfici iussit. Nero crudelis multos Christianos interfici iussit. – Servus dominum suppliciter adibat, ut sibi (ihn) parceret. Servus supplex dominum adibat, ut sibi (ihn) parceret. - Puer audacter cani restitit. Puer audax cani restitit. – Bestiaeférociter in circo cum Christianis pugnabat. Bestiae ferae in circo cum Christianis pugnabant.

3. **Bilde das Adverb zu folgenden Adjektiven:** iucundus – utilis – facilis – diligens – miser – acer – audax – falsus – bonus – creber – celer – certus – beatus – latus – longus.

4. **Ordne die Adverbien (ohne die Adverbien auf -o) von Aufgabe 3 entsprechend ihrer Endungen in die folgenden Graphiken ein! In der linken Graphik ergeben die grauen Felder eine römische Provinz.**

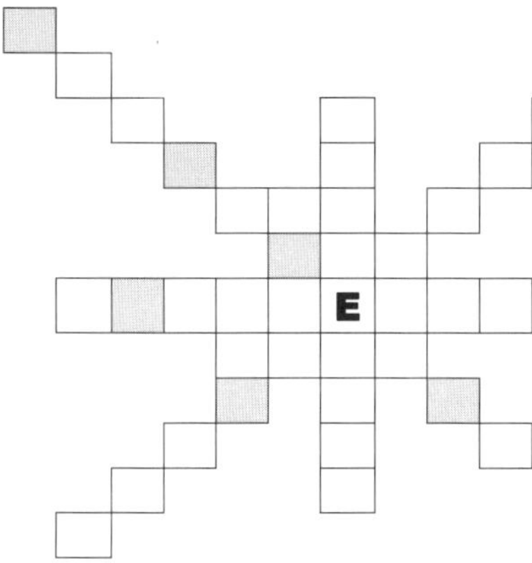

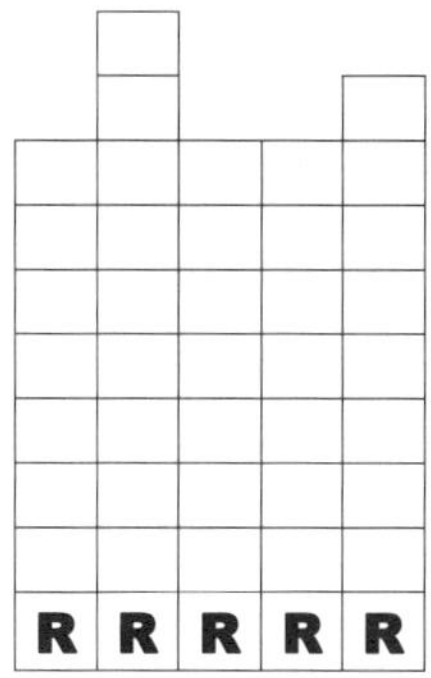

K 70 Dativus finalis 1

1. **Übersetze:** Plinio maiori (*maior, -oris* der Ältere) maxime cordi erat res naturae perquirere. Itaque cum soror eius nubem (*nubes, -is* die Wolke) mira specie conspexisset, quae ei admirationi (*admiratio, -onis* die Bewunderung) fuit, studia sua reliquit et navem ascendit. Plinio laudi erat, quod (dass) vitae non pepercerat. Cum nubes mare iam tegeret, Plinius non domum rediit, sed cursu navis mutato Stabias (*Stabiae, -arum* Stabiä, Stadt am Golf von Neapel) petivit, ut amicis saluti esset. Etiam illis nubes magnae curae erat; itaque naves contraxerant, quae eis usui non erant, quia ventus adversus erat. Plinius eis spei erat.

2. **Gib folgende Ausdrücke und kleine Sätze in gutem Deutsch wieder:** hoc mihi usui est – adventus (Substantiv zu *advenire*) Plinii amicis spei erat – nubes (die Wolke) Plinio admirationi (*admiratio, -onis* die Bewunderung) erat – salus amici Plinio magnae curae erat – Plinio honori erat, quod (dass) amico saluti esse

temptaverat – Plinio laudi erat, quod (dass) sibi non pepercerat – vita amicorum Plinio maxime cordi erat – securitas (die Ruhe; Sorglosigkeit) Plinii amicis solacio (*solacium, -i* der Trost) erat – Plinio gaudio erat, quod (dass) amicos integros invenerat.

3. **Unterscheide und übersetze folgende Verbalformen:** tego – tegi – texi – tecti - relinquo – relíqui – relicti – relinqui – trahi – traxi – tracti – traho – trahe – aspicio – aspici – aspexi.

4. **Versuche verschiedene Möglichkeiten deutscher Wiedergabe!**

	calamitati fuit
	perniciei fuit
Eruptio (der Ausbruch) Vesuvii multis hominibus	(*pernicies,-ei* das Verderben)
	miseriae fuit
	curae fuit
	dolori fuit.

	cordi erat
Salus amicorum Plinio	curae fuit
	laudi fuit
	honori fuit.

5. **Löse folgendes Rätsel!**

									sie kennen, wissen
									sie hatten bedeckt
									du hast gezogen
									erhat erblickt
									der Dächer, Häuser
									er hat vertrieben
									er lässt zurück
									du ziehst zusammen

Die grauen Felder ergeben eine Stadt in Kampanien.

K 71 Dativus finalis 2 + ferre 1

1. **Übersetze:** Multi homines etiam nostris temporibus Plinio honori tribuunt, quod (dass) periculo imminente temptaverat amicis saluti esse et auxilium ferre. Nam nuntio allato nubem (*nubes, -is* die Wolke) ignotam aspectum (*aspectus, -us* derAnblick) maris auferre, Plinius iussit in navem deferri. Statim ad illam nubem se conferre voluit, quia ab aliis nubibus valde differebat. Cum lapidibus et cinere (*cinis, -is* die Asche) iter intercluderetur (*intercludere* abschneiden, versperren), Plinius cursum vertit et amicis auxilio venit. Omnes Plinio fortitudini tribuunt, quod (dass) amicis, quibus Vesuvius timorem intulerat, spem dedit.

2. **Bestimme und übersetze folgende Formen:** fers – feris (!) – ferris – feriis (!) – ferimus - feramus – feremus – feremur – feramur – ferimur - fertis – feratis – ferebatis – fer – ferte.

3. **Übersetze folgende Ausdrücke:** auxilium ferre – auxilio venire – auxilio esse – nuntium afferre – hoc nuntio allato – confer – signa in hostes intulissent – Galli Germanis bellum antea saepe intulerunt – amicus venit fortuna elatus – liberi se ad flumen contulerunt – cur mihi iniuriam intulisti? – Hoc donum tibi praemio do. – multos servos villae praesidio (*praesidium, -i* der Schutz) relinquere – Romani Neroni crudeli-tatem crimini dabant.

4. **Setze folgende Formen in die entsprechenden Tempora des Perfektstammes (Präsens > Perfekt; Imperfekt > Plusquamperfekt) und umgekehrt:** aufers – tulisse – elati sunt – distulerant – timor illatus est – conferemus – ferris – delati erant – fert – lati sunt – ferimini – ferimus – feror – delatum est – ablati essent.

5. **Löse folgendes Rätsel!**

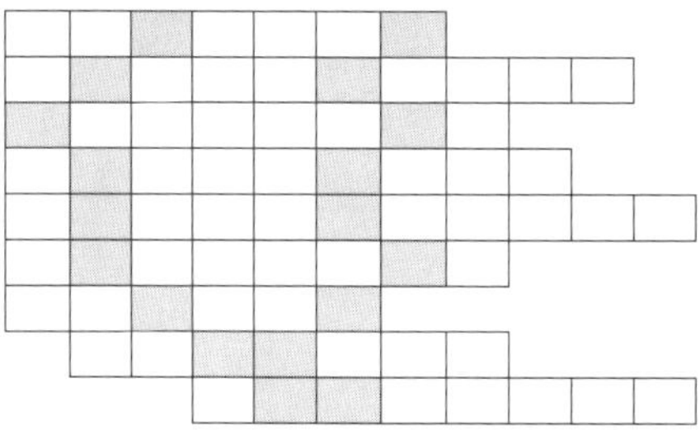

du blickst an
es ist herbeigebracht worden
sie fügen zu
lasst uns zufügen
er greift an
sie tragen weg
dem Armen
ich habe gefunden
er hat zustande gebracht

Die grauen Felder ergeben – zuerst von oben nach unten und dann von unten nach oben gelesen – den Namen eines römischen Schriftstellers und seines Freundes.

K 72 ferre 2

1. **Übersetze:** Sortem suam aequo animo ferre non semper facile est. Scriptores antiqui referebant imperatorem Marcum Aurelium graves miserias (*miseria, -ae* Subst. zu *miser, -a, -um*) pertulisse. Marcus philosophiae (!) studebat, quae eum ad varia studia protulit. Philosophi et scripta eorum Marcum docuerunt vitia tollere et vitiis sublatis vitam beatam agere. In bello etiam periculis se obtulit, in pugnis pedem non rettulit, militibus exemplo erat. Copias in Germaniam transtulit, ut Marcomannos repelleret. Ad Danuvium magna castra condidit; eo loco nunc clara urbs est: castra Regina.

2. **Übersertze folgende Verbalformen:** obtulisse – perfers – protulerant – relatum est – transferemus – tollis – offerres – pertulissent – proferebant – referes – transtulistis – sustulit – offertur – perferebantur – prolatum est – refertis – translati essent – sublati erant.

3. **Setze die Formen der Aufgabe 2 in die entsprechenden Tempora des Präsens- bzw. des Perfektstammes!**

4. **Löse folgendes Silbenrätsel!**

   a – au – bant – bas - ce – ci - con - di – e – e – fe - fer – fer – gau – gi – git – gnit - i – i – in – le – non – re – re – re – rent – res – ret – sub – tan – te – tra – um - xi

   1. ich habe zusammengezogen; 2. du würdest wegtragen; 3. unterwerfen; 4. dich berührt er; 5. sie werden berichten; 6. sie nährten; 7. du bringst zurück; 8 du warfst hinaus; 9. die Freude; 10. er würde hineintragen; 112. er erzeugt nicht.

   Die ersten und sechsten Buchstaben ergeben, jeweils von oben nach unten lesen, den lateinischen und deutschen Namen eine alten Stadt, die auf die Römer zurückgeht.

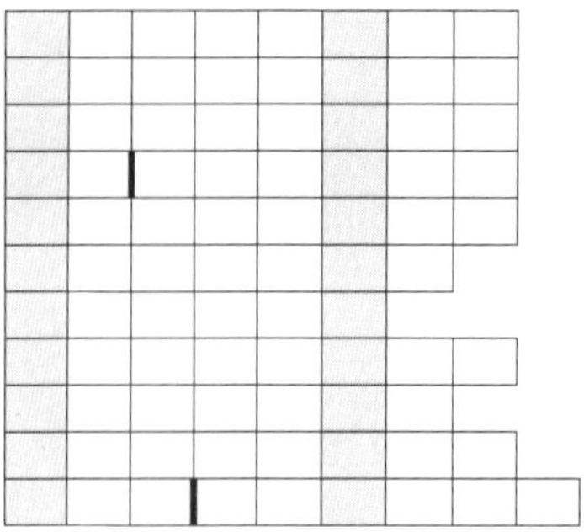